여러분의 합격을 위한
해커스공무원의 특별 혜택!

매일 학습 점검표

매일 3지문씩 풀어본 후 문제풀이 시간을 기록하고, 틀린 문항은 □ 박스에 체크해서 복습해 보세요.

구분	문항	체크	문제풀이 시간
DAY 01	1	□	___분 ___초
	2	□	___분 ___초
	3	□	___분 ___초
DAY 02	1	□	___분 ___초
	2	□	___분 ___초
	3	□	___분 ___초
DAY 03	1	□	___분 ___초
	2	□	___분 ___초
	3	□	___분 ___초
DAY 04	1	□	___분 ___초
	2	□	___분 ___초
	3	□	___분 ___초
DAY 05	1	□	___분 ___초
	2	□	___분 ___초
	3	□	___분 ___초
DAY 06	1	□	___분 ___초
	2	□	___분 ___초
	3	□	___분 ___초
DAY 07	1	□	___분 ___초
	2	□	___분 ___초
	3	□	___부 ___초
DAY 08	1	□	___분 ___초
	2	□	___분 ___초
	3	□	___분 ___초
DAY 09	1	□	___분 ___초
	2	□	___분 ___초
	3	□	___분 ___초
DAY 10	1	□	___분 ___초
	2	□	___분 ___초
	3	□	___분 ___초

구분	문항	체크	문제풀이 시간
DAY 11	1	□	___분 ___초
	2	□	___분 ___초
	3	□	___분 ___초
DAY 12	1	□	___분 ___초
	2	□	___분 ___초
	3	□	___분 ___초
DAY 13	1	□	___분 ___초
	2	□	___분 ___초
	3	□	___분 ___초
DAY 14	1	□	___분 ___초
	2	□	___분 ___초
	3	□	___분 ___초
DAY 15	1	□	___분 ___초
	2	□	___분 ___초
	3	□	___분 ___초
DAY 16	1	□	___분 ___초
	2	□	___분 ___초
	3	□	___분 ___초
DAY 17	1	□	___분 ___초
	2	□	___분 ___초
	3	□	___분 ___초
DAY 18	1	□	___분 ___초
	2	□	___분 ___초
	3	□	___분 ___초
DAY 19	1	□	___분 ___초
	2	□	___분 ___초
	3	□	___분 ___초
DAY 20	1	□	___분 ___초
	2	□	___분 ___초
	3	□	___분 ___초

구분	문항	체크	문제풀이 시간
DAY 21	1	□	___분 ___초
	2	□	___분 ___초
	3	□	___분 ___초
DAY 22	1	□	___분 ___초
	2	□	___분 ___초
	3	□	___분 ___초
DAY 23	1	□	___분 ___초
	2	□	___분 ___초
	3	□	___분 ___초
DAY 24	1	□	___분 ___초
	2	□	___분 ___초
	3	□	___분 ___초
DAY 25	1	□	___분 ___초
	2	□	___분 ___초
	3	□	___분 ___초
DAY 26	1	□	___분 ___초
	2	□	___분 ___초
	3	□	___분 ___초
DAY 27	1	□	___분 ___초
	2	□	___분 ___초
	3	□	___분 ___초
DAY 28	1	□	___분 ___초
	2	□	___분 ___초
	3	□	___분 ___초
DAY 29	1	□	___분 ___초
	2	□	___분 ___초
	3	□	___분 ___초
DAY 30	1	□	___분 ___초
	2	□	___분 ___초
	3	□	___분 ___초

해커스공무원

국어

비문학 독해 333 Vol.1

해커스공무원

해커스공무원
gosi.Hackers.com

"매일 독해 문제를 풀고 싶은데
풀 만한 교재가 없네."

"지문을 아무리 읽어도
무슨 내용인지 모르겠어."

해커스가 자신 있게 만들었습니다.

매일 비문학 독해 연습을 하고 싶지만 풀 만한 교재가 없어 갈증을 느끼는 수험생 여러분을 위해 30일 동안 비문학 독해를 완벽하게 연습할 수 있는 교재를 만들었습니다.

『해커스공무원 국어 비문학 독해 333 Vol. 1』으로
하루 3분 3지문씩 30일 만에 비문학 독해력을 완성**할 수 있습니다.**

독해력은 하루아침에 생기는 것이 아닙니다. 문제에서 요구하는 바를 파악하고 지문을 정확하게 읽어 내는 연습을 꾸준히 해야 독해 능력이 높아집니다. 『해커스공무원 국어 비문학 독해 333 Vol. 1』으로 매일 꾸준히 독해 연습을 한다면 반드시 독해력을 향상시킬 수 있습니다.

『해커스공무원 국어 비문학 독해 333 Vol. 1』은 단계별 학습**이 가능합니다.**

단순히 지문을 읽고 많은 양의 문제를 푸는 것만으로는 독해력을 탄탄히 할 수 없습니다. 실제 시험의 출제경향과 비문학 독해 유형을 파악하고 유형별 독해 전략을 문제풀이에 적용하는 단계별 문제풀이 학습을 통해 독해력을 완성해 갈 수 있습니다.

독해력 향상을 위한 30일 간의 여정
해커스가 여러분과 함께 합니다.

차례

책의 특징 및 구성

01 매일 3문제씩 풀어 볼 수 있는 Day별 구성

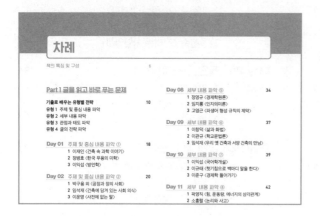

『해커스공무원 국어 비문학 독해 333 Vol. 1』은 매일 꾸준히 비문학 독해를 풀어 볼 수 있도록 Day별로 문제를 수록했습니다. 매일 3문제씩 30일 동안 총 90문제를 풀어보면서 독해력을 향상시키고 실전 감각을 유지할 수 있습니다.

02 독해력과 문제풀이 능력을 향상시키는 단계별 구성

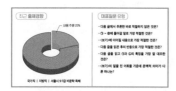

최근 출제경향과 대표질문 유형

공무원 국어 시험의 비문학 기출 문제를 완벽히 분석하여 비문학 독해 문제를 9가지 대표유형으로 나누고 각 유형별로 출제경향과 대표질문 유형을 수록하여 유형별 문제의 특징을 파악할 수 있습니다.

유형에 강해지는 전략

독해 유형마다 문제풀이 전략을 제시하여 체계적으로 정확하게 문제를 푸는 방법을 익힐 수 있습니다.

대표유형분석

실제 기출 문제에 학습한 전략을 적용하여 지문을 객관적으로 분석하고 정답을 빠르고 정확하게 찾아낼 수 있습니다.

DAY별 예상문제 풀이

공무원 국어 시험 문제와 동일한 유형의 예상문제를 매일 풀어 봄으로써 독해력을 향상시키고 실전 감각을 유지할 수 있습니다.

03 비문학 독해 대표유형을 완벽하게 정복할 수 있는 유형별 독해 전략 제공

유형에 강해지는 전략

1단계 접속어 및 지시어로 시작하지 않는 것 중 화제를 제시하는 첫 문장(문단)에 해당하는 내용을 찾는다.
- 첫 문장(문단)이 고정되어 있는 문제는 고정되어 있는 문장(문단)의 핵심 내용을 가장 먼저 파악한다.

2단계 접속어, 지시어, 반복되는 핵심어 등에 유의하여 첫 문장(문단)에 이어지는 내용을 찾아 글의 흐름을 파악한다.

3단계 각 문장(문단)의 중심 내용을 바탕으로 글의 논리적 관계를 파악한다.
- 빈칸에 들어갈 접속어를 찾는 문제는 빈칸의 앞뒤 문장이 서로 어떤 관계인지 따져야 한다. (인과·역접·첨가 등)
- 주어진 문장(문단)이 들어갈 위치를 묻는 문제는 주어진 문장(문단)과 들어갈 위치를 선택한 후에 앞뒤 내용이 자연스럽게 이어지는지 확인해야 한다.

유형별로 문제에서 요구하는 바를 빠르게 파악하고 지문을 정확하게 읽어 낼 수 있도록 유형별 독해 전략을 제시했습니다. 이를 통해 어려운 내용의 문제도 정확히 풀어낼 수 있습니다.

04 정답과 오답의 이유부터 관련 지식까지 통달하는 상세한 해설

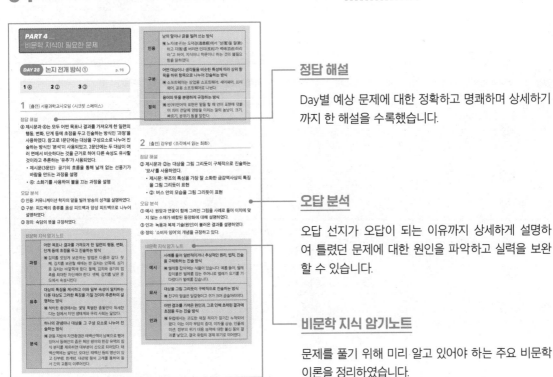

정답 해설
Day별 예상 문제에 대한 정확하고 명쾌하며 상세하기까지 한 해설을 수록했습니다.

오답 분석
오답 선지가 오답이 되는 이유까지 상세하게 설명하여 틀렸던 문제에 대한 원인을 파악하고 실력을 보완할 수 있습니다.

비문학 지식 암기노트
문제를 풀기 위해 미리 알고 있어야 하는 주요 비문학 이론을 정리하였습니다.

PART 1
글을 읽고
바로 풀 수 있는 문제

기출로 배우는 유형별 전략

유형 1 | 주제 및 중심 내용 파악

최근 출제경향

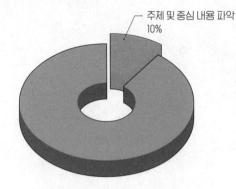

주제 및 중심 내용 파악
10%

국가직 | 지방직 | 서울시 9·7급 비문학 독해

'주제 및 중심 내용 파악'은 비문학 독해 문제의 가장 기본이 되는 유형이다. 최근 공무원 국어 시험 기준, 비문학 독해 문제의 약 10%가 이 유형으로 출제되었다. 글의 중심 내용, 제목, 주장, 주제 등을 묻는 문제들이 이에 속한다.

대표질문 유형

• 다음 글의 중심 내용으로 가장 적절한 것은?

• 다음 글의 제목으로 가장 적절한 것은?

• 다음 글의 주장으로 가장 적절한 것은?

• 다음 글의 주제로 가장 적절한 것은?

• <보기>의 (가)에서 밑줄 친 ㉠ ~ ㉣ 중 (나)가 뒷받침하는 이론으로 가장 옳은 것은?

• 다음 글의 필자가 궁극적으로 강조하는 내용으로 가장 적절한 것은?

유형에 강해지는 전략

1단계 글의 핵심어를 바탕으로 중심 화제를 파악한다.

2단계 중심 화제와 관련된 문단별 중심 내용을 파악한다.
  • 단, 하나의 문단으로 이루어진 제시문에서는 문단별 중심 내용 대신 글의 흐름을 파악한다.

3단계 이를 토대로 글의 전체를 아우르는 내용으로 적절한 선택지를 고른다.
  • 글의 내용과 선택지가 일치하더라도 전체를 포괄할 수 없는 부분적인 내용은 주제가 아니라는 점에 유의해야 한다.

대표유형분석

다음 글의 중심 내용으로 가장 적절한 것은?

2017년 국가직 7급 (8월)

> 롤랑 바르트는 『기호의 제국』에서 "우리 얼굴이 인용이 아니라면 또 무엇
> 이란 말인가?"라는 말을 한 적이 있다. 우리의 헤어스타일이나 패션, 감정을
> 나타내는 얼굴 표정 등은 모두 미디어로부터 복제된 것일 가능성이 높다. 작
> 가가 다른 책의 구절들을 씨앗글로 인용하는 일을 계기로 한 편의 글을 완성
> 하듯, 우리는 남의 표정과 스타일을 복사한다. 이렇게 다른 것을 복제하고 인
> 용하는 문화는 확산되고 있다. 그것은 오늘날 성형의 트렌드가 확산되는 현
> 상을 보면 잘 알 수 있다. 성형을 하는 사람은 쇼핑하듯 트렌드가 만든 미인
> 얼굴을 구매한다.

중심 화제
중심 화제
이 글의 중심 내용

발문 파악
글의 흐름을 파악한 후 글 전체
를 아우르는 내용을 찾아야 함

전반부의 중심 내용
롤랑 바르트의 견해를 통해 다른
것을 복제·인용하는 문화가 확
산되고 있음을 설명함

후반부의 중심 내용
오늘날 성형의 트렌드가 확산되
는 현상을 사례로 들어 복제·인
용하는 문화가 확산된다는 주장
을 뒷받침함

① 롤랑 바르트는 모방이나 복제 문화의 예찬론자이다.

② 모방이나 복제 문화의 대중화가 사람들의 미의식을 세련되게 했다.

③ **모방이나 복제 문화가 확산되고 있다.**

④ 모방이나 복제 문화의 대중화로 인해 성형 수술이 유행하고 있다.

최근 출제경향

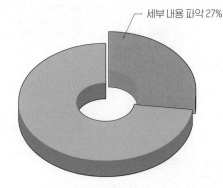

세부 내용 파악 27%

국가직 | 지방직 | 서울시 9·7급 비문학 독해

'세부 내용 파악'은 중심 내용뿐만 아니라 제시문에 드러난 세부적인 정보까지 모두 정확하게 이해하고 있는지를 묻는 유형이다. 최근 공무원 국어 시험의 비문학 독해 문제 중 27%로 가장 많이 출제되는 유형이다. 이 유형은 글의 내용을 그대로 선택지로 가져온 형태와 글의 내용을 변형하여 가져온 형태로 나뉜다.

대표질문 유형

• 다음 글에 대한 이해로 적절하지 않은 것은?

• 다음 글에서 알 수 없는 것은?

• 다음 글의 내용에 부합하지 않는 것은?

• 다음 글에 대한 설명으로 적절하지 않은 것은?

• 다음 글의 내용으로 적절하지 않은 것은?

• 다음 글의 내용과 일치하는 것은?

• 다음 글을 통해서 답을 찾을 수 없는 질문은?

• 다음 글을 읽은 독자의 반응으로 적절한 것은?

유형에 강해지는 전략

1단계 **글을 읽으며 전체적인 흐름과 대략적인 내용을 파악한다.**

• 처음에 글을 읽을 때 밑줄과 도형 등을 이용하여 중요한 내용이나 접속어에 표시해 둔다. 표시가 있어야 선택지의 핵심어를 글에서 찾을 때, 찾기가 훨씬 쉬워지기 때문이다.

2단계 **선택지의 핵심어와 관련된 내용을 제시문에서 찾아 비교하며 일치 여부를 판단한다.**

• 선택지에서 핵심어를 찾을 때, 모든 선택지에서 반복되는 단어는 핵심어로 선택하지 않는다.
• 제시문 내용을 바탕으로 추론하여 선택지 내용을 이해하지 말고, 반드시 글에 언급된 내용만을 찾아야 한다.

대표유형분석

다음 글에 대한 이해로 적절하지 않은 것은?

2019년 지방직 9급

> 그동안 나는 〈일 포스티노〉를 세 번쯤 빌려 보았다. 그 이유는 이 아름다운 영화 속에 아스라이 문학이 똬리를 틀고 앉아 있기 때문이다. 특히 시란 무엇인가에 대한 해답을 이처럼 쉽고도 절실하게 설명해 놓은 문학 교과서를 나는 아직까지 보지 못했다. 그래서 학생들에게 시를 가르칠 때 나는 종종 영화 〈일 포스티노〉를 활용한다. 수백 마디의 말보다 〈일 포스티노〉를 함께 보고 토론하는 것이 시의 본질에 훨씬 깊숙이, 훨씬 빨리 가 닿을 수 있다는 것을 경험하기도 했다.
>
> 「시를 공부하면서 은유에 시달려 본 사람이라면 이 영화를 보고 수차례 무릎을 쳤을 것이다. 마리오 루폴로가 네루다에게 보내기 위해 고향의 여러 가지 소리를 녹음하는 인상적인 장면이 있다. 여기서 해변의 파도 소리를 녹음하는 것이 은유의 출발이라면 어부들이 그물을 걷어 올리는 소리를 담고자 하는 모습은 은유의 확장이라고 할 수 있다. 더 나아가 밤하늘의 별빛을 녹음하는 기막히게 아름다운 장면에 이르면 은유는 절정에 달한다. 더 이상의 구차한 설명이 필요하지 않다.」 2문단 전체: 선택지 ④의 근거

선택지 ①의 근거
선택지 ③의 근거

① 영화 〈일 포스티노〉는 시를 이해하는 데 도움이 되는 교과서와도 같다.

✔ 영화 〈일 포스티노〉의 인물들은 문학적 은유의 본질과 의미를 잘 알고 있다.

③ 시의 본질에 대해 질문하고 답을 얻기 위해 영화 〈일 포스티노〉를 참고할 만하다.

④ 문학의 미적 자질과 영화 〈일 포스티노〉의 미적 자질 사이에서 공통점을 찾을 수 있다.

발문 파악
제시문의 내용을 정확히 파악하여 선택지에서 설명하는 내용과 일치하는지를 점검해야 함

제시문의 내용
영화 〈일 포스티노〉를 통해 시의 본질을 이해할 수 있다고 말하며, 이를 보여 주는 세부 장면들을 소개함

선택지의 핵심어
① 시를 이해, 교과서
② 영화 〈일 포스티노〉의 인물, 문학적 은유의 본질과 의미
③ 시의 본질, 〈일 포스티노〉를 참고
④ 문학과 영화 〈일 포스티노〉의 미적 자질, 공통점

영화 〈일 포스티노〉의 마리오 루폴로가 고향의 여러 가지 소리를 녹음하는 장면들을 은유의 출발·확장·절정에 빗대어 설명하고 있으나, 영화 〈일 포스티노〉의 인물들이 문학적 은유의 본질과 의미를 잘 알고 있는지는 제시문에서 확인할 수 없음

최근 출제경향

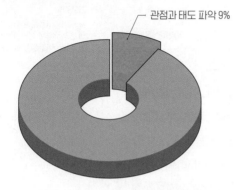

관점과 태도 파악 9%

국가직 | 지방직 | 서울시 9·7급 비문학 독해

'관점과 태도 파악'은 필자의 관점과 동일하게 제시문을 이해하고 분석하였는지를 묻는 유형이다. 이 유형은 필자(작가, 글쓴이)의 생각 또는 견해, 글에 드러난 입장, 인물이나 제재에 대한 필자의 태도 등을 파악해야 하는 문제로 출제된다.

대표질문 유형

· 필자의 견해로 볼 수 없는 것은?

· 다음 글쓴이의 입장에 부합하는 것은?

· 다음 중 <보기>의 글을 가장 잘 이해한 사람은?

· (가)를 바탕으로 (나)에 담긴 글쓴이의 생각을 적절히 추론한 것은?

· <보기>의 비판 대상으로 가장 옳지 않은 것은?

· 다음 글에서 이끌어 낼 수 있는 주장과 가장 가까운 것은?

유형에 강해지는 전략

1단계 견해가 드러난 부분에 밑줄을 그으면서 필자의 관점이나 태도를 파악한다.

· 필자의 생각을 판단할 수 있는 핵심 단서는 글의 마지막 단락에 나타나는 경우가 많다.

2단계 선택지에 제시된 정보가 필자의 관점이나 태도와 일치하는지 제시문의 내용과 비교하며 확인한다.

대표유형분석

'시'에 대한 견해 중에서 밑줄 친 칸트의 입장과 부합하는 것은?

2017년 지방직 9급(12월)

> 미적인 것이란 내재적이고 선험적인 예술 작품의 특성을 밝히는 데서 더 나아가 삶의 풍부하고 생동적인 양상과 가치, 목표를 예술 형식으로 변환한 것이다. 미(美)는 어떤 맥락으로부터도 자율적이기도 하지만 타율적이다. 미에 대한 자율적 견해를 지닌 칸트도 일견 타당하지만, 미를 도덕이나 목적론과 연관시킨 톨스토이나 마르크스도 타당하다. 우리가 길을 지나다 이름 모를 곡을 듣고서 아름답다고 느끼는 것처럼 순수미의 영역이 없는 것은 아니다. 하지만 그 곡이 독재자를 열렬히 지지하기 위한 선전곡이었음을 안 다음부터 그 곡을 혐오하듯 미(美) 또한 사회 경제적, 문화적 맥락의 영향을 받기도 한다.

칸트는 미에 대해서 톨스토이나 마르크스와 반대되는 생각을 지님
칸트의 견해
톨스토이와 마르크스의 견해

☑ 시는 정제된 시어와 운율을 통하여 감상해야 한다.

② 시는 사회의 모순을 고발할 수 있고, 개혁의 전망도 제시할 수 있다.

③ 시를 읽으면 시인과의 대화를 통해 정서적 성장을 도모할 수 있다.

④ 시를 감상하기 위해서는 당시의 사회 상황을 알아야 한다.

발문 파악

'미'에 대한 '칸트'의 입장을 파악하고 '시'에 대한 견해 중 칸트의 입장과 부합하는 것을 찾아야 함

'칸트'의 입장

미를 도덕이나 목적론과 연관시키며 외적 맥락의 영향을 받는다고 보는 톨스토이, 마르크스와 반대되는 입장을 지니고 있음. 즉 칸트는 시를 외적 맥락의 영향을 받지 않는 내재적 관점에서 감상해야 한다고 생각하는 입장임을 알 수 있음

선택지의 내용

① 작품의 요소만으로 시를 감상하는 견해

② 시를 사회적 맥락과 연관시킨 견해

③ 시를 목적론과 연관시킨 견해

④ 시를 사회적 맥락과 연관시킨 견해

유형 4 | 글의 전략 파악

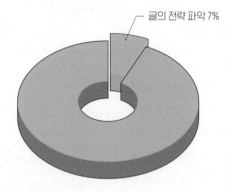

글의 전략 파악 7%

국가직 | 지방직 | 서울시 9·7급 비문학 독해

'글의 전략 파악'은 필자가 독자에게 말하고자 하는 바를 효과적으로 전달하기 위해 사용한 방법을 묻는 유형이다. 이 유형은 글에 사용된 전략과 그에 따른 효과까지 파악해야 한다. 출제 비중은 7%이며 최근 꾸준히 출제된 유형이므로 확실한 대비가 필요하다.

대표질문 유형

· 다음 글에 대한 설명으로 가장 적절하지 않은 것은?

· 다음 글의 글쓰기 방식에 대한 설명으로 적절한 것은?

· 다음 글의 글쓰기 전략으로 볼 수 없는 것은?

· 다음 글을 읽은 독자의 반응으로 적절한 것은?

유형에 강해지는 전략

1단계 선택지에서 설명하는 전략 및 효과가 무엇인지 파악한다.

2단계 선택지에서 설명한 전략이 제시문에 사용되었는지 확인하며 읽는다.

3단계 선택지에서 설명한 전략이 모두 사용되있다면 전략에 따른 효과를 올바르게 제시했는지 점검한다.

· 하나의 선택지에 제시된 정보가 두 가지 이상일 경우, 글에 한 정보가 나타나 있는 것만을 보고 성급하게 맞는 선택지로 판단하지 않도록 유의한다.

대표유형분석

다음 글의 글쓰기 방식에 대한 설명으로 적절한 것은?   2019년 지방직 9급

> 멕시코의 환경 운동가로 유명한 가브리엘 과드리는 1960년대 이후 중앙아
> 메리카 숲의 25% 이상이 목초지 조성을 위해 벌채되었으며 1970년대 말에는
> 정답 ①의 근거: 통계 수치 활용
> 중앙아메리카 전체 농토의 2/3가 축산 단지로 점유되었다고 주장했다. 실제
> 로 1987년 이후로도 멕시코에만 1,497만 3,900ha의 열대 우림이 파괴되었는
> 데, 이렇게 중앙아메리카의 열대림을 희생하면서까지 생산된 소고기는 주로
> 유럽과 미국으로 수출되었다. 그렇지만 이 소고기들은 지방분이 적고 미국인
> 의 입맛에 그다지 맞지 않아 대부분 햄버거의 재료로 사용되었다.

☑① 통계 수치를 활용하여 논거의 타당성을 높이고 있다.

② 이론적 근거를 나열하여 주장의 전문성을 강화하고 있다.

③ 전문 용어의 뜻을 쉽게 풀이하여 독자의 이해를 돕고 있다.

④ 예측할 수 없는 결과를 나열하여 사태의 심각성을 알리고 있다.

발문 파악
선택지에서 제시하는 전략이 제
시문에 사용되었는지 확인하고,
그 전략에 따른 효과를 파악해
야 함

선택지에 쓰인 전략 및 효과
① 통계 수치 활용
→ 논거의 타당성 향상
② 이론적 근거 나열
→ 주장의 전문성 강화
③ 전문 용어 풀이
→ 독자의 이해 도움
④ 결과를 나열
→ 사태의 심각성 알림

주제 및 중심 내용 파악 ①

맞은 개수 ___ / 3문제

1 다음 글의 제목으로 가장 적절한 것은?

엘리베이터의 움직임을 이해하기 위해 그 구조를 살펴보자. 우선 도르래는 수직 통로의 맨 위에 고정되어 있다. 이 도르래는 전동기의 출력 장치와 연결되어 엘리베이터를 움직이는 에너지를 전달한다. 그 옆에는 보조 도르래가 있다. 엘리베이터의 힘은 끈을 통해 작용하는데 한쪽 끈에는 사람들이 타는 엘리베이터 박스가, 다른 쪽 끈에는 평형추가 달려 있다. 엘리베이터 박스와 평형추는 전동기의 힘으로 아래, 혹은 위로 움직인다.

엘리베이터가 움직일 때 끈의 각 부분에는 양쪽으로 잡아당기는 힘이 존재하게 되며, 이 힘을 장력이라 부른다. 장력은 서로 잡아당길 때 생기는 힘으로, 밀거나 누르는 힘인 압축력과 다르다. 또한 장력의 두 힘은 혼자서는 존재할 수 없는 힘들이다. 줄다리기를 생각해 보면 쉽게 이해할 수 있다. 줄다리기의 경우 한쪽에서 가만히 있으면 줄은 일방적으로 다른 쪽으로 끌려갈 것이다. 엘리베이터 박스와 평형추 사이의 힘도 마찬가지다. 엘리베이터 박스만 있고 평형추가 없다면 다른 쪽은 엘리베이터 박스 쪽으로 끌려가 버릴 것이다. 이런 상태로 엘리베이터를 운행한다면 엘리베이터 박스의 무게를 전동기의 힘으로만 감당해야 한다. 그런데 다른 쪽에 엘리베이터 박스와 평형을 이룰 수 있는 추가 있다면 그 무게만큼 전동기가 부담해야 할 힘은 분산될 것이다.

도르래의 원리를 엘리베이터에 이용할 때 가장 문제가 되었던 것은 추락 사고다. 1861년 오티스라는 발명가가 이러한 문제를 해결한다. 그는 '역회전 방지 장치'로 엘리베이터 특허를 받았고, 고층 건물 시대의 서막을 화려하게 열었다. 보통 '엘리베이터 브레이크'라고 부르는 이 장치 덕분에 엘리베이터가 천천히 움직일 경우에는 도르래가 양방향으로 움직이지만 추락 상황같이 빠른 속도로 움직일 때는 도르래의 움직임을 멈춰 낙하를 방지한다.

① 엘리베이터의 구조
② 엘리베이터의 역사
③ 엘리베이터의 작동 원리
④ 엘리베이터의 추락 방지 장치

2 다음 글의 주장으로 가장 적절한 것은?

> 호흡의 조절을 통해 다양하게 구현되는 곡선들 사이에는 우리 춤의 빼놓을 수 없는 구성 요소인 '정지'가 숨어 있다. 정지는 곡선의 흐름과 어울리며 우리 춤을 더욱 아름답고 의미 있게 만들어 주는 역할을 한다. 정지하기 쉬운 동작에서의 정지는 별 의미가 없지만, 정지하기 어려운 동작에서 정지하는 것은 예술적 기교로 간주된다. 그러나 이때의 정지는 말 그대로의 정지라기보다 '움직임의 없음'이며, 그런 점에서 동작의 연장선상에서 이해해야 한다. 음악의 경우 연주가 시작되기 전이나 끝난 후에 일어나는 정지 상태는 별다른 의미가 없지만 연주 도중의 정지, 곧 침묵의 순간은 소리의 연장선상에서 이해되는 것과 마찬가지다. 다시 말해서 이때의 소리의 없음도 엄연히 연주의 일부라는 것이다.
>
> 우리 춤에서 정지를 동작의 연장으로 보는 것, 이것은 바로 우리 춤에 담겨 있는 '마음의 몰입'이 발현된 결과이다. 춤추는 이가 호흡을 가다듬며 다양한 곡선들을 연출하는 과정을 보면 한순간 움직임을 통해 선을 만들어 내지 않고 멈춰 있는 듯한 장면이 있다. 이런 동작의 정지 상태에서도 멈춤 그 자체로 머무는 것이 아니며, 여백의 그 순간에도 상상의 선을 만들어 춤을 이어 가는 것을 몰입 현상이라 말하는 것이다. 우리 춤이 춤의 진행 과정 내내 곡선을 유지한다는 말은 이처럼 실제적인 곡선뿐만 아니라 마음의 몰입까지 포함한다는 의미이며, 이것이 바로 우리 춤을 가장 우리 춤답게 만들어 주는 특성이라고 할 수 있다.

① 호흡을 조절하여 정지를 연장하는 것이 중요하다.
② 정지는 동작이 아닌 마음의 몰입이 멈추는 것이다.
③ 마음의 몰입을 통한 정지는 우리 춤의 예술적 특성이다.
④ 한국 무용은 한순간도 쉬지 않는 움직임을 통해 선을 만들어 낸다.

3 다음 글의 중심 내용으로 가장 적절한 것은?

> 사회 방언은 지역 방언과 함께 2대 방언의 하나를 이룬다. 그러나 사회 방언은 지역 방언만큼 일찍부터 방언 학자의 주목을 받지 못하였다. 어느 사회에나 사회 방언이 없지는 않았으나 일반적으로 사회 방언 간의 차이는 지역 방언들 사이의 그것만큼 그렇게 뚜렷하지 않기 때문이었다. 가령 20대와 60대 사이에는 분명히 방언차─사회 방언으로서의 차이─가 있지만 그 차이가 전라도 방언과 경상도 방언 사이의 그것만큼 현저하지는 않은 것이 일반적이며, 남자와 여자 사이의 방언차 역시 마찬가지다. 사회 계층 간의 방언차는 사회에 따라서는 상당히 현격한 차이를 보여 일찍부터 논의의 대상이 되어 오기는 하였다. 인도에서의 카스트에 의해 분화된 방언, 미국에서의 흑인 영어의 특이성, 우리나라 일부 지역에서 발견되는 양반 계층과 일반 계층 사이의 방언차 등이 그 대표적인 예들이다. 이러한 사회 계층 간의 방언 분화는 최근 사회 언어학의 대두에 따라 점차 큰 관심의 대상이 되어 가고 있다.

① 방언의 종류와 특징
② 사회 방언의 발생 원인
③ 사회 방언에 대한 관심의 증대
④ 사회 방언이 야기하는 갈등 문제

맞은 개수 / 3문제

1 다음 글의 중심 내용으로 가장 적절한 것은?

> 사회 복지 제도는 그 기능과 역할을 달리하여 다양한 방식으로 운영되고 있는데, 일반적으로 급여 전달 형식에 따라 공공부조, 사회보험, 사회수당, 사회서비스로 구분된다.
>
> 이 중, 공공부조와 사회보험은 이미 널리 알려진 제도이다. 공공부조는 국민 혹은 시민의 기초 생활을 보장하기 위하여 국가가 최저생계가 불가능한 사람들을 대상으로 생계비, 생필품 혹은 기본 서비스를 제공하는 것을 가리킨다. 이때 공공부조의 재원은 일반 조세를 통해 마련되며, 수급자는 수혜 받은 것에 상응하는 의무를 지지 않는다. 그런데 공공부조의 경우 국가가 수급 대상자를 선별하기 위해 대상자의 소득이나 자산을 조사하는 과정에서 수급자의 자존감을 떨어뜨려 이들에게 사회적 소외감을 안겨 줄 가능성이 있다. 이와 달리 사회보험은 기본적으로 수급자의 기여를 토대로 이루어지는 복지제도라고 할 수 있다. 현재 대부분의 복지국가는 미래의 불확실성과 불안정성에 대비해서 일정한 소득과 재산이 있는 시민들과 관련 기업에 보험금을 납부하도록 강제하는 법의 제정을 통해 사회보험 제도를 시행하고 있다.
>
> 사회수당은 재산이나 소득, 그리고 보험료 지불 여부와 관계없이 일정한 사회적 범주에 해당하는 사람에게 무료로 급여를 제공하는 제도로, 사회의 총체적 위협 요인을 사전에 예방하거나 시민 전체의 삶의 질을 높이기 위한 목적으로 운영된다. 선진복지국가의 노인수당(old age benefits)과 같이 국가나 자치단체는 법률이 정한 대로 일정한 나이를 넘어선 사람들에게 그가 처해 있는 재산이나 지위와 상관없이 소정의 급여를 지급하는 것이 대표적인 경우라고 할 수 있다.

① 사회 복지 제도는 미래를 대비하기 위한 목적으로 운영된다.

② 사회 복지 제도는 급여 수급 대상 및 지급 방식에 따라 구분된다.

③ 사회보험은 세계 여러 복지국가가 시행하고 있는 대표적인 복지 제도이다.

④ 사회 복지 제도는 소득의 재분배보다 시민들의 삶의 질을 향상시키는 것에 기여한다.

2 다음 글의 제목으로 적절한 것은?

사람은 불편한 것보다 편한 것을 더 좋아하기 때문에 건축에서도 편안한 분위기의 집을 지으려고 하는 것이 상식이다. 그러나 건축물들을 살펴보면 편안함을 깨는 긴장감 넘치는 공간이 발견되는 경우가 종종 있다. 이렇게 건축물에서 긴장감이 느껴질 때는 상식을 깰 만한 그 나름대로의 이유가 있기 마련이다. 그리고 긴장감을 느끼게 하는 건축물들이 특정 시대, 특정 지역에 집중적으로 나타나는 현상에는 그럴 만한 사회적 동기가 이면에 깔려 있다.

바로크 시대의 건축물은 열정적인 종교적 의지가 사회적 동기로 작용하였다. 이 시대에는 로마를 기독교의 중심지로 복원하려는 노력 아래 많은 교회 건물이 지어졌다. 또한 가톨릭의 종교적 열망이 절정에 달했던 때였기 때문에, 교회 건물에 이러한 열망을 자극할 만한 극적인 요소가 갖추어지기를 바라게 되었다. 그런데 당시 로마에서는 교회가 들어서는 부지가 오래된 시가 내 좁은 가로변이었다. 이처럼 건물 앞 도로폭이 좁은 상황에서 건물에 극적인 긴장감을 만들려다 보니 자연스럽게 거리와 앙각의 조작에서 얻어지는 착시 현상을 탐구하게 되었다.

① 건축의 극적인 요소
② 건축을 바라보는 새로운 시선
③ 바로크 시대 교회의 종교적 의지
④ 건축물에서 긴장감이 느껴지는 이유

3 다음 글의 주제로 가장 적절한 것은?

신어의 범위를 좀 더 확대하면 '옥탑방', '방울토마토', '제대혈' 등과 같은 말도 여기에 포함될 수 있다. '옥탑방'은 요즘 부동산과 관련해서 흔하게 접할 수 있는 말이지만 사전에 없다. 원래 건물 맨 위의 공간을 가리키는 '옥탑'이라는 말이 있었기 때문에 여기에 '방'이라는 말을 결합하여 사용한 것으로 볼 수 있다. 따라서 이는 앞서 언급한 '웰빙'과 같은 완전한 신어와는 차이가 나며, 이러한 말은 검토하여 사전에 오를 가능성이 높다. '방울토마토'는 원래는 없던 사물이 새로 생기면서 말도 따라서 생긴 경우이다. 이러한 말은 이 사물을 지칭하는 말이 필요하기 때문에 검토하여 사전에 오르게 된다. '제대혈'은 이미 있던 사물을 가리키는 것이기는 하나 그동안에는 이 사물을 특정하게 가리킬 필요가 별로 없었기 때문에 잘 쓰이지 않다가 최근 의학 분야에서 주요하게 다루어지면서 많이 쓰이게 된 단어이다. 이 역시 원래 있던 '탯줄'을 뜻하는 '제대(臍帶)'에 피를 뜻하는 '혈(血)' 자를 결합하여 만든 말로, 이 단어가 지속적으로 널리 쓰인다면 사전에 오르게 될 것이다.

이처럼 사전에 없는 말이라고 해서 모두 지위가 같은 것은 아니다. 어떠한 말은 바로 사전에 등재되기도 하지만 어떠한 단어는 거의 등재될 가능성이 없기도 하다. 또 어떤 단어는 일정한 검토를 거쳐 사전에 오르기도 한다. 그러나 사전에 등재되는 보편적인 기준은 같다. 그것은 그 단어가 얼마나 널리, 그리고 얼마나 지속적으로 사용되는가 하는 점이다.

① 신어의 생성 이유
② 국어사전의 편찬 과정
③ 단어의 사전 등재 기준
④ 국어사전에서 누락된 단어

주제 및 중심 내용 파악 ③

맞은 개수   / 3문제

1 **다음 글에서 결론적으로 주장하는 바로 가장 적절한 것은?**

철학(philosophy)이라는 말의 어원은 '지혜에 대한 사랑'이라는 뜻으로 서양에서 비롯되었다고 한다. 그래서 철학을 애지학(愛智學:지혜를 사랑하는 학문)이라고 옮기기도 한다. 이 말을 처음 쓴 소크라테스는 당시 스스로 많은 지식을 소유하고 있다고 자만하며, 지식의 소매상 노릇을 하던 소피스트[지자(知者)]들을 통렬히 비난했다. 이들과는 달리 소크라테스는 자신은 지식을 이미 소유한 자가 아니라, 지혜를 추구하고 동경하며 갈망하는, 다시 말하자면 지혜를 사랑하는 자 즉 필로소포스[철학자]라고 했다.

무엇인가를 사랑할 수 있다는 것은 우선 그것을 소유하고 있지 않을 때 가능하다. 사랑이란 무소유의 상태에서 어떤 것을 소유하고자 끊임없이 그것을 그리워하고 갈망할 때에 이루어지는 것이라 생각된다. 하여튼 지혜에 대한 사랑으로서의 철학은 지혜의 무소유 상태로부터 지혜의 소유 상태로의 과정 속에서 성립하는 것이며, 그런 뜻에서 철학은 언제나 진행형이며 결코 완결될 수 없는 학문인지도 모른다. 스스로 지혜를 소유하고 있다는 지적(知的) 교만은 이런 의미에서 '철학의 죽음'이라고 할 수 있을 것이다.

그래서 소크라테스가 말한 철학자의 일차적 자격 요건이 바로 지적인 겸손이다. 지적으로 겸손한 자만이 철학이라는 고귀한 활동에 동참할 자격을 갖추게 된다는 뜻이다. 자기가 진정 아는 것이 없다는 자각을 '무지(無知)의 지(知)'라고 한다. 이러한 자각에 이르기 위해서는 지금까지 우리가 가지고 있던 독단과 편견으로부터 해방되는 일이 더없이 중요하다. 다시 말하자면 크고 작은 우상(偶像)들을 남김없이 파괴할 필요가 있다는 것이다.

① 철학은 지혜를 소유할 수 있는 고귀한 활동이다.

② 지적으로 겸손해지려면 독단과 편견에서 벗어나야 한다.

③ 스스로 지식을 소유했다고 자만하는 자는 비판의 대상이 되어야 한다.

④ 스스로 지혜를 소유하고 있다는 믿음의 태도를 보일 때 철학자가 될 수 있다.

2 다음 글의 제목으로 가장 적절한 것은?

> 17세기 초부터 19세기 말까지인 근대 국어에서 가장 현저한 음운 변화의 하나는 구개음화이다. 구개음화는 현재 끝소리가 'ㄷ, ㅌ'인 형태소가 모음 'ㅣ'나 반모음 'ǐ'로 시작되는 형식 형태소와 만나 'ㄷ, ㅌ'이 'ㅈ, ㅊ'이 되는 현상으로 정의되고 있는데, 원래 구개음화란 구개음이 아닌 자음이 어떤 음운의 영향을 받아 구개음이 되는 현상을 포괄적으로 지칭한다. 따라서 국어사에서 구개음화는 모음 'ㅣ'나 반모음 'ǐ' 앞에서 'ㄷ, ㅌ, ㄸ'이나 'ㄱ, ㅋ, ㄲ'이 구개음인 'ㅈ, ㅊ, ㅉ'이 되고, 그 밖의 몇몇 자음이 같은 조건에서 구개음이 되는 현상을 모두 포괄한다.

① 구개음화의 변별적인 기능
② 옛 문헌 속 구개음화의 모습
③ 구개음화의 개념과 음운 조건
④ 구개음화가 일어난 시기와 지역

3 다음 글의 중심 내용으로 가장 적절한 것은?

> 한옥은 무엇보다도 각 방이 외기에 접하는 면적이 넓다. 한 집안의 여러 방들이 두 면을 외기에 접하는 것은 보통이며 심지어 세 면을 외기에 접하는 수도 적지 않다. 또한 방문을 열면 바로 외부이기 때문에 방에서 외부로 직접 나갈 수 있는 독특한 구조를 갖는다. 이것은 그만큼 외부로 나가기가 수월함을 의미한다. 반드시 땅을 밟을 필요는 없을지라도 방과 땅 사이에 대청마루와 툇마루가 있으니 사람을 방 밖으로 끌어내는 기능은 월등하다. 더욱이 대청마루와 툇마루는 비가 오는 날씨에도 외부 활동을 가능하게 하는 전천후 기능을 갖는다.
>
> 외기에 많이 접하는 한옥의 구조적 특징은 햇빛이나 바람 같은 자연환경과 친해지는 결과로 나타난다. 특히 이런 점에서 대청마루는 중요한 역할을 한다. 대청마루는 여름이면 바람을 통하게 하고 겨울이면 따뜻한 햇살을 집 안 깊숙이 끌어들이는 기능을 한다. 바람과 햇빛이라는 자연의 대표적인 생명 매개 두 가지를 모두 집안에 끌어들이는 모범적인 생태 건축의 역할을 하는 것이다. 따라서 바람과 햇빛의 이로움을 받는 대청마루는 우리에게 기분 좋은 공간이 되어 준다. 그렇다 보니 자연히 가족들이 모이는 중심 공간으로서의 역할을 단단히 하게 된다.

① 대청마루는 바람과 햇빛이 잘 통하기 때문에 한옥의 중심 공간이 된다.
② 한옥은 외기에 접하는 면적이 넓어서 비가 내려도 바깥 활동이 가능하다.
③ 한옥은 집 안에서 외부로 나가기가 수월하며 자연환경을 집 안으로 끌어들이는 구조이다.
④ 한옥은 여러 방들이 외기에 접하고 있어 방안에 들이기 어려운 손님을 접대하기 적합하다.

정답 및 해설 **3p**

1 다음 글에 대한 설명으로 적절하지 않은 것은?

> 조세는 국가의 재정을 마련하기 위해 경제 주체인 기업과 국민들로부터 거두어들이는 돈이다. 그런데 국가가 조세를 강제로 부과하다 보니 경제 주체의 의욕을 떨어뜨려 경제적 순손실을 초래하거나 조세를 부과하는 방식이 공평하지 못해 불만을 야기하는 문제가 나타난다. 따라서 조세를 부과할 때는 조세의 효율성과 공평성을 고려해야 한다.
>
> 우선 조세의 효율성에 대해서 알아보자. 상품에 소비세를 부과하면 상품의 가격 상승으로 소비자가 상품을 적게 구매하기 때문에 상품을 통해 얻는 소비자의 편익이 줄어들게 되고, 생산자가 상품을 팔아서 얻는 이윤도 줄어들게 된다. 소비자와 생산자가 얻는 편익이 줄어드는 것을 경제적 순손실이라고 하는데 조세로 인하여 경제적 순손실이 생기면 경기가 둔화될 수 있다. 이처럼 조세를 부과하게 되면 경제적 순손실이 불가피하게 발생하게 되므로, 이를 최소화하도록 조세를 부과해야 조세의 효율성을 높일 수 있다.
>
> 조세의 공평성은 조세 부과의 형평성을 실현하는 것으로, 조세의 공평성이 확보되면 조세 부과의 형평성이 높아져서 조세 저항을 줄일 수 있다. 공평성을 확보하기 위한 기준으로는 편익 원칙과 능력 원칙이 있다. 편익 원칙은 조세를 통해 제공되는 도로나 가로등과 같은 공공재를 소비함으로써 얻는 편익이 클수록 더 많은 세금을 부담해야 한다는 원칙이다. 이는 공공재를 사용하는 만큼 세금을 내는 것이므로 납세자의 저항이 크지 않지만, 현실적으로 공공재의 사용량을 측정하기가 쉽지 않다는 문제가 있고 조세 부담자와 편익 수혜자가 달라지는 문제도 발생할 수 있다.
>
> 능력 원칙은 개인의 소득이나 재산 등을 고려한 세금 부담 능력에 따라 세금을 내야 한다는 원칙으로 조세를 통해 소득을 재분배하는 효과가 있다. 능력 원칙은 수직적 공평과 수평적 공평으로 나뉜다.

① 납세자의 저항을 줄이기 위해선 편익 원칙과 능력 원칙을 고려해야 한다.

② 편익 원칙은 공공재를 사용하는 만큼 세금을 내므로 납세자의 저항이 적다.

③ 소비자와 생산자가 얻는 편익이 줄어드는 것을 최소화해야 조세의 공평성을 확보할 수 있다.

④ 경제적 순손실을 초래하거나, 부과하는 방식이 불공평하여 불만이 발생하지 않도록 조세의 효율성과 공평성을 고려해야 한다.

2 다음 글에 대한 이해로 적절한 것은?

「온달전」은 기승전결의 구조로 되어 있다. 기와 승은 사건의 발단과 전개를 보여주는 부분이다. 기에서는 쌍관법으로 두 개의 문짝이 열리듯 온달의 외모와 가난한 행색을 묘사한 뒤 평강왕과 공주 사이의 일을 나란히 펼쳐 장차 두 사람 사이에 일어날 사건을 제시하였다. 그리고 서두에 한두 마디 말을 미리 제시해 둔 후 중간과 이것을 호응시킴으로써 맥락을 살아나게 하는 예복법을 사용하였다. 온달의 용모가 '꾀죄죄하여 우스웠으나 속마음은 맑았다.'라고 하여 뒷날 훌륭한 인물로 성장할 것을 암시한 것이 그것이다. 승에서는 공주와 온달 모, 온달과 공주, 공주와 모자의 만남이 한층 한층 전개되면서 변화하는 가운데 번다함을 느끼지 않게 해주는 충첩법을 사용하였다.

전과 결은 서사의 변화를 통해 종국으로 치닫는 부분이다. 전에서는 비슷한 내용이 되풀이 될 때 과감하게 어느 하나를 생략하는 생필법을 사용하였다. 병들고 말라서 궁에서 쫓겨난 말을 '공주가 기르고 먹이기를 몹시 부지런히 하니 말이 날로 살지고 또 튼튼해졌다.'라고만 하고 온달이 가난을 극복하고 훌륭한 무사로 거듭나는 과정을 생략하였다. 결에서는 앞에서 풀어놓고 뒤에서 낚아채서 길게 여운을 남기는 종금법을 사용하였다. 온달이 신라에게 빼앗긴 고토 회복의 의지를 직접 말하게 하여 길게 풀어놓았다가 짧은 단문으로 그의 죽음을 곧바로 덧붙여 급속도로 마무리하였다.

그러면 「온달전」에서 두 주인공 공주와 온달은 어떻게 형상화되었을까? 공주는 어릴 적 바보 온달에게 시집보낸다고 말한 왕의 농담을 '임금이 식언하는 일은 있을 수 없다.'라며 아버지의 말을 지키기 위해 온달을 배우자로 선택한다. 이때 공주는 온달에 대해 아무 것도 모르는 상태였다. 그리고 온달은 자신을 찾아온 공주에게 이것은 어린 여자가 취할 행동이 아니라고 꾸짖고 뒤도 돌아보지 않고 가버리는 법도를 아는 인물이었다. 총애와 권세가 극에 달했던 온달이 나라를 위해 몸의 수고를 아끼지 않다가 허망하게 죽었을 때 관이 움직이지 않은 것도 애정에 연연해서가 아니라 살아서의 맹세를 지키겠다는 것 때문이었다.

「온달전」은 화려하여 이목을 놀라게 하는 표현은 없지만 담담한 가운데 꽉 짜인 짜임새를 이루어 한 글자를 빼거나 바꾸어도 어색해지고 흐트러지는 명문이다. 김부식은 이러한 걸작을 통해 고구려가 북방의 강대국이 된 힘의 원천이 무엇이었는지를 제시하고자 한 것이다.

① 「온달전」에서 사건의 시작 부분은 쌍관법과 충첩법을 사용하여 전개된다.

② 온달의 관이 움직이지 않은 것은 평강공주와의 사랑에 대한 미련 때문이다.

③ 「온달전」은 기승전결의 구조와 화려한 표현을 통해 고구려가 강대국이 된 이유를 알린 글이다.

④ 김부식은 비슷한 내용이 되풀이 되지 않도록 온달이 무사로 성장하는 과정을 과감히 생략하였다.

3 다음 글의 내용에 부합하지 않는 것은?

음성 언어는 말소리에 의하여 청각적으로 전달된다. 음성 언어는 주로 같은 시간과 공간에 함께 있는 사람들 사이에서 사용되어 왔다. 전화나 라디오, 녹음기의 등장으로 음성 언어의 이러한 시·공간적인 제약은 극복되었지만, 여전히 음성 언어는 얼굴을 마주하고 사용되는 경우가 많다. 그래서 말의 내용 못지않게 말소리의 높낮이, 크기, 속도 등 언어에 부수되는 요소뿐만 아니라 표정이나 자세, 몸짓 등 언어 외적인 요소도 매우 중요하다.

문자 언어는 문자에 의하여 시각적으로 전달된다. 음성 언어는 말을 하는 순간에 곧 사라지기 때문에 사람들은 말을 기록하여 남기는 방법을 궁리하게 되었고, 그 결과로 만들어진 것이 문자이다. 문자 언어는 주로 같은 시간과 공간에 함께 있지 않은 경우에 사용되므로, 표정이나 태도, 혹은 말소리의 높낮이나 크기는 전달하기 어렵다. 때문에 문장 부호를 쓰거나 글자의 크기와 모양에 변화를 주어 이런 한계를 보완해 왔다.

영상 언어는 영상 매체에 사용되는 언어이다. 영상 언어는 음성 언어나 문자 언어에 비해 복합적인 성격을 띤다. 예를 들어 텔레비전 프로그램에는 영상뿐만 아니라 음성 언어의 요소인 말소리, 표정, 몸짓 등이 나타나고, 동시에 문자 언어의 요소가 화면 속에 자막으로 나타나기도 한다. 이를 통해 영상 언어는 영상만으로는 전달할 수 없는 정보를 좀 더 분명하게 전달할 수 있다.

통신 언어는 인터넷 통신이나 휴대 전화 등 통신 매체에 사용되는 언어로 가장 나중에 등장하였는데, 음성 언어, 문자 언어, 영상 언어의 요소가 다양하게 결합되어 있다. 예를 들어 그림이나 사진이 문자와 결합되거나 동영상과 사진 혹은 문자가 결합되어 한 화면에 나타난다. 누구나 이러한 통신 언어를 활용하여 정보를 전달하는 주체가 될 수 있고, 또 정보에 대한 자신의 의견을 실시간으로 표현할 수도 있다.

① 통신 매체에서 사용하는 언어에는 다양한 매체 언어의 요소가 결합되어 있다.

② 영상 언어를 통해 사람들은 실시간으로 자신의 의견을 명확하게 전달할 수 있다.

③ 쉽게 사라지는 음성 언어의 단점을 보완하기 위해 사람들은 문자를 만들어 말을 기록했다.

④ 음성 언어는 얼굴을 마주보고 사용하므로 언어적 표현뿐만 아니라 비언어적 표현도 중요하다.

정답 및 해설 3p

세부 내용 파악 ②

PART 1

해커스공무원 국어 비문학 독해 333 Vol. 1

1 다음 글의 내용을 바르게 이해한 사람은?

고체 사이에 작용하는 마찰력은 두 물체의 면에 수직으로 작용하는 힘의 크기와 표면 상태에 따라 달라진다. 책상 위에 놓여 있는 책을 밀어서 앞으로 보낼 때 마찰력의 크기는 책이 책상을 누르는 힘과, 책과 책상의 표면 상태에 따라 결정된다. 내려 누르는 힘이 크거나 표면이 거칠수록 마찰력은 커진다. 단, 질량이 같다고 가정할 때, 일반적인 생각과는 달리 책상 면에 접한 물체의 표면적 크기는 마찰력에 영향을 주지 않는다.

책상 위에 책이 놓여 있는 경우를 다시 생각해 보자. 책을 살며시 밀어 보자. 책이 움직이지 않을 것이다. 책에 힘을 가했는데도 책이 움직이지 않는 것은 내가 가한 힘과 마찰력이 서로 비겼기 때문이다. 이때 마찰력의 크기는 내가 책에 가한 힘과 같다. 다음에는 조금 더 센 힘으로 책을 밀어 보자. 아직도 책이 움직이지 않았다면 이때의 마찰력도 내가 가한 더 센 힘과 비긴 것이다. 이렇게 책에 가하는 힘을 조금씩 세게 하면 마찰력도 조금씩 증가할 것이다.

그러다 미는 힘이 어느 정도 이상이 되면 책이 드디어 움직이기 시작할 것이다. 마찰력이 더는 커질 수 없기 때문이다. 물체가 막 움직이기 시작할 때의 마찰력을 최대 정지 마찰력이라고 한다. 그러니까 물체에 최대 정지 마찰력보다 더 작은 힘을 가하면 가해 준 힘은 마찰력과 비겨서 움직이지 않는다. 그러나 최대 정지 마찰력보다 더 큰 힘을 가하면 물체는 마찰력을 이기고 움직이기 시작한다.

마찰력은 물체가 움직이기 시작할 때 가장 크고, 일단 움직이면 작은 마찰력이 작용하게 된다.

① 성재: 마찰력은 자동차가 막 움직이기 시작할 때 가장 작구나.

② 창섭: 최대 정지 마찰력보다 큰 힘으로 밀 때 수레가 움직이기 시작하는 거야.

③ 현식: 문을 밀었는데 움직이지 않으면 내가 준 힘보다 마찰력이 더 크기 때문이야.

④ 은광: 자동차가 땅을 누르는 힘이 클수록, 자동차 바퀴가 땅에 닿는 면적이 클수록 마찰력이 커져.

2 다음 글의 내용에 부합하는 것은?

> 미시사는 거시사와 달리 사회 구조보다는 그 속에서 실제로 생활했던 개인들의 삶에 주목한다. 미시사는 역사 속에 존재했었지만 거시사에서는 드러나지 않은 평범한 사람들의 삶을 들춰내어 이를 바탕으로 당시 사회의 모습을 재구성하려고 한다. 미시사가들은 의식주, 노동과 여가 생활 같은 일상이 어떻게 이루어졌으며 그것이 개인에게 어떤 의미를 지녔는지에 관심을 가진다. 따라서 미시사에서는 과거에 살았던 사람들이 남긴 수첩이나 일기와 같은 개인적인 자료들이 오히려 유용한 사료가 된다.
>
> 독일의 포이케르트는 노동자들의 일기, 사진, 비밀경찰 요원의 첩보 보고서 등을 바탕으로 1930년대 후반 나치 치하의 군수공장 노동자들의 생활을 연구하였다. 그는 당시 군수공장에서 노동자들이 지각, 결근, 태업이 유난히 많았고, 불량품도 많이 발생했다는 사실을 알아내었다. 이를 통해 그는 노동자들이 나치에 저항하기 위해 고의적으로 그러한 일을 행했다는 것을 밝혀냈다. 이는 당시 독일 국민들이 히틀러에 협조적이었다는 일반적인 인식과는 달리, 나치에 소극적으로나마 저항했다는 사실을 증명해 주는 것이었다.

① 포이케르트의 연구 결과는 미시사적 관점으로는 알아내기 어려운 것이었다.

② 미시사가들은 당대 사람들의 일상이 의미하는 바가 무엇인지에 관심을 갖는다.

③ 미시사는 개인적인 자료를 통해 당시 사회의 모습을 재구성하므로 역사를 체계적으로 살펴볼 수 있다.

④ 미시사적 연구는 실제로 살았던 개인의 삶보다 당대 사회 구조를 파악할 수 있는 공식 자료를 활용한다.

3 다음 글을 통해 알 수 없는 것은?

> 들뢰즈의 의미 이론에서 '의미'는 이러한 일반적인 의미 이론에서 설명하는 것과는 다르다. 앞의 세 이론들은 의미를 문화의 차원을 중심으로 설명하려 하지만, 들뢰즈는 자연과 문화의 차원을 포괄하는 좀 더 근원적인 차원에서 의미의 개념을 규정한다. 들뢰즈가 말하는 '의미'를 이해하기 위해서는 그가 규정한 '사건'의 개념을 먼저 이해해야 한다. '사건'이란, 인간이 세계에 존재한다는 것을 전제로 자연의 변화와 생성이라는 현상 그 자체에서 발생하는 그 무엇이고, 들뢰즈는 이를 '의미'라고 지칭한다. 들뢰즈는 이 '의미' 그 자체는 규정된 것이 아니지만 '문화적 장(場)'이 '의미' 규정의 기준이 된다고 말한다. '문화적 장'이란 정치, 역사, 예법 등 인간의 삶에 이미 형성되어 있는 모든 것을 뜻하는데, '사건'으로서의 규정되지 않은 '의미'는 이 '문화적 장'에 편입될 때 비로소 규정된 '의미'가 된다.

① 들뢰즈는 자연과 문화의 차이를 '의미'의 규정 기준으로 보았다.

② 사건은 인간의 삶에 형성된 모든 것의 일부가 될 때 의미로 규정된다.

③ 들뢰즈는 자연의 변화와 생성에 관심을 가지고 '사건'과 '의미'를 탐구했다.

④ 들뢰즈는 일반적인 의미 이론과 달리 '의미'를 보다 근원적인 차원에서 설명한다.

정답 및 해설 4p

세부 내용 파악 ③

1 다음 글을 통해서 답을 찾을 수 없는 질문은?

> 한국화는 전통적 재료와 용구로서 우선 화선지 또는 비단과 먹을 사용하고, 붓은 끝이 뾰족한 전통적 모필(毛筆)을 쓰며, 물감은 아교를 고착제로 사용한 물감을 쓴다. 만약 한지와 먹을 사용하지 않고 캔버스에 유화 물감으로 그렸다면, 아무리 한국화 양식을 흉내 내서 그렸다 하더라도 한국화로 보기 어려울 것이다. 우리의 전통적 작화 재료인 먹과 한지, 한국화 물감을 사용해 표현했으면 거의 대부분 한국화로 취급한다. 거기다 작품 주제와 소재가 한국적이거나, 필법(筆法), 화법(畫法) 등에서 한국에서만 써 오던 전통적인 방법을 그대로 유지하고 있다면 더욱 명확하게 한국화가 되는 것이다.
>
> 그러나 현대 회화에서는 이렇게 재료와 용구만으로 한국화와 서양화를 구분할 수 없는 경우가 많다. 요즘은 그리는 재료가 다양해지고 그리는 방법이 수없이 분화됨에 따라, 세부적으로 따져 보면 어떤 것이 한국화이고 어떤 것이 서양화인지 구분하기가 어려워진다. 이는 단지 가정을 해 보는 것이 아니라 실제로 요즘에는 이러한 작품들을 심심치 않게 볼 수 있다. 이때는 관습적으로 행해 오던 '재료, 용구에 의한 분류'가 무의미해진다.
>
> 이런 경우 굳이 한국화니 서양화니 장르 구분을 해야 한다면, 이때는 작자 본인의 의도가 중시되어야 할 것이다. 평소 어떤 양식을 주로 그리는 화가인가, 또 작자 자신이 어떤 양식을 염두에 두고 작품 제작을 했는가, 작자 자신이 어떤 양식으로 분류하고 싶은가에 따라 결정될 수 있다. 예를 들어 평소 한국화 화가가 도화지에 먹이나 물감으로 풍경을 그렸더라도, 화가 자신이 전통적 산수를 새로운 방법으로 표현하고자 의도했다면 그것은 한국화로 보아야 할 것이다.

① 한국화와 서양화를 구분하는 기준은 무엇인가?

② 한국화에 영향을 준 서양화의 특징은 무엇인가?

③ 한국화와 서양화의 구분이 어려울 때 고려할 수 있는 것은 무엇인가?

④ 현대 회화에서 한국화와 서양화의 구분이 어려워진 이유는 무엇인가?

2 다음 글의 내용에 부합하지 않는 것은?

> 과거 시제는 일반적으로 사건시가 발화시에 선행하는 시간 표현으로 규정되는데, 선어말 어미 '-았-/-었-'과 관형사형 어미 '-(으)ㄴ' 등을 통해 실현된다. 그리고 '어제', '옛날'과 같은 시간 부사어와 결합하여 그 의미가 구체화되기도 한다. 현재와 단절된 상황이나 먼 과거는 '-았었-/-었었-'을 통해 표현되기도 한다. 과거 시제 선어말 어미 중 '-더-'는 발화자가 과거에 경험한 일을 회상할 때 쓰이는데, 주어가 1인칭인 경우 쓰임에 제약이 따르기도 한다. '-았-/-었-'이 사용되었다고 해도 경우에 따라 사건시가 발화시와 일치하는 현재의 일이나 사건시가 발화시 이후인 미래의 일을 표시하는 데에도 쓰일 수 있다.
>
> 현재 시제는 일반적으로 사건시와 발화시가 일치하는 시간 표현이다. 동사의 경우 선어말 어미 '-는-/-ㄴ-'을 통해, 형용사와 서술격 조사의 경우에는 선어말 어미 없이 현재 시제를 표현한다. 또한 관형사형 어미 '-는', '-(으)ㄴ'을 통해서도 현재 시제를 표현할 수 있으며, '지금'과 같은 시간 부사어와 결합하여 그 의미가 구체화되기도 한다. 현재 시제가 사용된 표현은 보편적인 사실과 미래에 예정된 일을 나타낼 때에도 사용된다.
>
> 미래 시제는 사건시가 발화시 이후인 시간 표현이다. 이를 표현하는 선어말 어미로는 보편적으로 '-겠-'이 사용되며, '-(으)리-'가 사용되어 예스러운 의미를 나타내기도 한다. 그리고 관형사형 어미로는 '-(으)ㄹ'이 사용된다. 미래 시제는 '내일'과 같은 시간 부사어와 결합하여 의미가 구체화되기도 한다.
>
> 중세 국어도 과거, 현재, 미래의 삼분 체계를 가진다는 점에서 현대 국어와 동일하다. 다만 이를 표현하는 방식에 있어서는 차이가 있었다. 중세 국어에서 동사의 경우, 과거 시제는 선어말 어미 없이 표현하거나 선어말 어미 '-더-'를 사용하여 표현하였다. 중세에는 '-더-'가 현대 국어와는 달리 모든 인칭에 두루 쓰였으며, 1인칭 주어와 함께 쓰이는 경우에는 '-다-'로 나타났다. 현재 시제는 선어말 어미 '-ᄂ-/-ㄴ-'을 써서 표현하였으며, 이는 보편적인 사실을 나타내기도 한다. 미래 시제는 '-리-'를 써서 표현하였다.

① 현재 시제는 사건시와 발화시가 일치하지 않을 때도 사용된다.

② 시제는 시간 부사어와 결합하여 쓰일 때 그 의미가 구체화되기도 한다.

③ 현대 국어에서 과거 시제 선어말 어미 '-더-'는 주어가 1인칭인 경우 쓰임에 제약이 있다.

④ 중세 국어에서는 미래 시제를 표현할 때 선어말 어미 '-리-'를 사용했으나 현대 국어에서는 선어말 어미 '-겠-'만 사용한다.

3 다음 글의 내용과 일치하지 않는 것은?

국어사전을 보면 '외국어'는 '모국어'와 대립하는 개념으로 '다른 나라의 언어'를 가리키는 말이다. '외래어'는 '외국에서 들어온 말로 국어처럼 쓰이는 말'이라고 풀이되어 있다. 외래어는 외국에서 비롯되긴 했으나 국어의 일부로 받아들여진 말이라는 것이다.

그러면 '국어의 일부로 받아들여진 말'이라는 정의가 의미하는 것은 무엇인가? '국어화'한 말이라는 뜻이다. 그렇다면 '국어화'는 구체적으로 무엇을 가리키는가? 그 구체적 내용은 '쓰임의 조건'과 '동화의 조건'이라는 두 기준을 통해 알 수 있다.

쓰임의 조건은 우리말 문맥 속에서 널리 사용되어야 한다는 것이다. 해당 단어가 특정한 담화에 한두 번 사용되고 말거나 특정한 부류의 사람들에게만 사용되는 것이 아니라 일반적으로 널리 쓰여야 한다는 조건이다.

동화의 조건은 해당 단어가 우리말의 특징을 지니게 되어야 한다는 것이다. 동화는 대개 음운, 문법, 의미의 세 가지 측면에서 이루어진다. 음운상의 동화는 원래의 발음이 우리말 소리로 바뀌는 것을 말한다. 영어의 [f]나 [r] 소리가 우리말에서는 [ㅍ], [ㄹ] 소리로 바뀌는 것을 들 수 있다. 문법 면에서의 동화는 원어에서 가졌던 문법적 특징이 없어지고 우리말의 특징을 갖게 되는 것을 말한다. 영어에서 단수와 복수를 구별해서 쓰는 'shirt'가 국어에서는 항상 복수 형태인 '셔츠(shirts)'의 형식으로만 사용된다든가, 외국어 단어가 우리말에서 형용사나 동사 구실을 할 때에는 항상 '-하다' 형태로만 사용되는 것을 들 수 있다. 의미 면에서의 동화는 우리말 속에 들어와 그 고유한 의미가 변화되는 것을 말한다. 국어에서 '미팅(meeting)'이 남녀 학생들이 사교를 목적으로 갖는 모임을 뜻하거나 '마담(madame)'이 술집이나 다방의 여주인을 가리키는 말로 의미가 변화되는 경우를 예로 들 수 있다.

① 외래어는 원어의 문법적 특징을 찾을 수 없다.
② 외래어는 우리말의 음운상 특징을 지니기도 한다.
③ 외래어는 외국에서 들어온 말이지만 국어화한 말이다.
④ 외래어로 인정받기 위해서는 사람들에게 고유어처럼 인식되어야 한다.

맞은 개수   / 3문제

1 다음 글의 내용과 일치하지 않는 것은?

> 소비를 결정하는 요인들이 무엇이며, 그 요인들과 소비 사이에는 어떤 관계가 성립하는가의 문제를 다루는 이론을 소비이론이라고 부른다. 케인즈는 현재 얻고 있는 처분가능소득의 절대적 수준이 소비성향을 결정하는 핵심적인 역할을 한다는 내용의 절대소득이론을 주장하였다. 즉 개인의 현재 소득 중 임의로 사용할 수 있는 소득의 양이 소비를 좌우한다는 의미이다. 하지만 이 이론은 소득과 소비의 관계를 너무 단순하게 설명하여 현실의 소비행위를 충분히 설명해 주지 못한다는 한계가 있다.
>
> 이에 비해 프리드만은 처분가능소득을 항상소득과 일시소득으로 구분하여 소비성향을 설명하는 항상소득이론을 제시했다. 항상소득은 정기적 소득을, 일시소득은 일시적인 여건의 변화로 인해 생긴 소득을 뜻한다. 항상소득이론에 따르면 항상소득의 변화와 일시소득의 변화가 소비 결정의 중요한 요인이며, 사람들은 자신의 항상소득을 고려하여 소비를 비교적 일정한 수준에서 유지하고 싶어 하는 성향을 지닌다고 한다. 따라서 불황기에 일시소득이 감소하더라도 항상소득이 일정하다면 사람들은 미래에 얻을 소득을 기대하고 종전과 비슷한 소비 수준을 유지하려고 하는 것이다. 반면, 호황기에 항상소득이 일정한 상태에서 일시소득이 증가하면 그것을 전부 소비하지 않고 대부분을 저축한다고 보았다. 즉 사람들은 일시소득의 변동에 따라서는 소비를 크게 늘리거나 줄이려하지 않지만, 항상소득의 변화로 소득 증가가 예상된다면 늘어난 소득 대부분을 소비를 늘리는 데 사용하게 된다는 것이다. 결국 항상소득이론은 항상소득의 변화와 일시소득의 변화를 소비 결정의 중요한 요인으로 보았던 것이다.

① 프리드만은 항상소득과 일시소득의 변화가 소비를 결정한다고 설명했다.

② 소비이론이란 소비를 결정하는 요인과 소비 사이의 관계를 다루는 이론을 말한다.

③ 케인즈는 현재 소득에서 마음대로 사용할 수 있는 소득의 양이 소비를 결정한다고 주장했다.

④ 프리드만은 불황기라도 일시소득이 일정하다면 사람들은 이전과 비슷한 소비 수준을 유지한다고 보았다.

2 다음 글을 통해 알 수 있는 것은?

> 호론 계열의 학자는 만물의 근원으로서의 이(理)는 동일하지만 사람만이 정밀하고 빼어난 기(氣)를 가진 덕분에 완전한 이(理)를 갖췄고, 동물은 거칠고 흐린 기(氣)를 가졌기 때문에 불완전한 이(理)를 갖췄다고 보았다. 이것을 근거로 그들은 사람과 동물의 본성은 근본적으로 다르다는 입장을 취했다. 이것은 그들이 기(氣)와 결합된 이후의 이(理)를 성(性)이라 여겼기 때문이다. 그들은 여기에서 더 나아가 만물에 부여된 기(氣)가 개체마다 다르므로 성(性)은 사람과 동물이 다를 뿐만 아니라 사람과 사람 사이에도 차이가 난다고 보았다. 반면에 낙론 계열의 학자는 인간과 동물의 차이는 기(氣)에 의해 발생하고, 이(理)는 기(氣)와 결합되기 이전이든 이후든 동일하다고 보았다. 그들은 기(氣)가 다르다고 해서 기(氣)와 결합한 이(理)가 달라진다고 생각해서는 안 된다고 강조했다. 이런 논리를 바탕으로 그들은 사람과 동물을 포함한 만물의 본성은 동일하다고 주장하였다.

① 호락논쟁은 낙론 계열의 학자들의 입장이 우세했다.
② 호락논쟁은 논쟁 참여자의 지역적 차이를 반영하며 전개되었다.
③ 낙론 계열의 학자는 이(理)는 변하지 않으므로 만물의 본성이 같다고 보았다.
④ 호론 계열의 학자는 사람마다 부여된 성(性)이 다르므로 기(氣)에서 차이가 생긴다고 주장했다.

3 다음 글에서 알 수 있는 것은?

> 대폭발 이론이 입증되면서 과학자들은 우주가 과거에 어떤 속도로 팽창했고 앞으로 어떻게 팽창해 종말을 맞게 될 것인지에 관심을 갖게 되었다. 우주의 팽창에 영향을 주는 힘은 중력이다. 중력이란 물질 사이에 서로 끌어당기는 힘이기 때문에 우주의 팽창을 방해한다. 만약 우주에 존재하는 물질의 질량이 우주의 팽창에 영향을 줄 정도로 충분히 크다면 어떻게 될까? 큰 중력에 의해 팽창 속도는 급격히 줄어들고 언젠가는 멈추었다가 다시 수축할 것이다. 과학자들은 우주의 팽창을 멈추게 하는 데 필요한 질량이 얼마인지 계산해 보았다. 그 결과 우주의 질량은 우주의 팽창을 저지할 만큼 충분하지 않다는 사실이 밝혀졌다. 그러나 최근 눈에 보이지는 않지만 우주의 질량을 증가시키는 물질이 있다는 것이 밝혀졌다. 과학자들은 이 물질을 암흑 물질이라고 불렀다. 암흑 물질이 많으면 우주 전체의 질량이 늘어나 팽창이 멈추게 될 수도 있다.
> 과학자들은 암흑 물질의 발견으로 우주의 팽창이 느려질 것이라고 추측했다. 이런 추측을 바탕으로 슈미트와 크리슈너는 초신성을 관측해 우주의 팽창 속도 변화를 연구했다. 연구 결과 놀랍게도 우주의 팽창 속도는 느려지는 것이 아니라 빨라지고 있었다. 그것은 질량에 작용하는 중력보다 더 큰 힘이 우주를 팽창시키고 있음을 뜻한다. 이것은 우주 공간이 에너지를 가지고 있다는 것을 의미한다. 과학자들은 이 에너지를 암흑 에너지라 부르기 시작했다.

① 암흑 물질은 눈에 보이지 않을 정도로 작다.
② 우주의 팽창 속도를 빠르게 하는 힘을 암흑 에너지라고 부른다.
③ 슈미트와 크리슈너는 초신성 관측을 통해 대폭발 이론을 반박했다.
④ 과학자들은 암흑 물질을 이용하여 우주의 팽창을 멈추게 하는 방법을 알아냈다.

정답 및 해설 6p

1 다음 글의 내용을 잘못 이해한 사람은?

수입 규제 수단 가운데 대표적인 것은 관세와 수입 수량 할당이다. 관세란 수입 상품에 부과하는 세금을 말한다. 관세가 부과되면 해당 상품의 국내 가격이 상승하여 수요가 감소하게 되고 그렇게 되면 수입량도 감소한다. 예를 들어 우리나라가 농산물을 관세 없이 자유롭게 수입하다가 정부에서 농산물에 관세를 부과하였다고 하자. 그러면 수입 농산물의 국내 가격은 관세를 더한 만큼 높아져 소비자들의 수요량은 감소한다.

수입 수량 할당은 일정 기간의 수입량을 일정 수준으로 제한하는 것이다. 자유무역에서는 국내 생산이 수요를 충족시키지 못할 경우 부족한 만큼을 수입할 수 있다. 이때의 시장가격은 수요와 공급이 만나는 지점에서 형성되고 시장 거래량은 수요량과 일치한다. 그런데 수입 수량을 제한할 경우에는 수입이 자유로운 경우보다 수입량이 감소하게 된다. 예를 들어 포도주의 국내 생산이 수요를 충족시키지 못한다면 생산량을 늘리거나 초과수요만큼 수입을 해야 한다. 그런데 국내 생산량에 변함이 없고 수입도 일정량만 할 수 있다면 수요에 비해 공급이 부족한 상황이 된다. 그러면 국내에서의 포도주 가격이 상승하게 되고 이것은 수요량 감소로 이어지게 된다.

수입 수량 할당이 적용되거나 관세가 부과되면 수입 상품의 국내 가격이 상승하면서 수입 상품에 대한 소비를 억제하는 한편 해당 품목의 국내 생산을 촉진하는 효과가 있다. 이때 수입 상품의 가격 상승분은 관세를 부과하는 경우에는 정부의 수입이 되는 반면에 수입 수량을 할당하는 경우에는 수입업자의 이윤이 된다.

한편 현실 경제에서는 관세를 인하하고 수입 수량 할당을 완화하는 경우가 많다. 가계나 기업의 경우는 소득이 지출보다 많은 것이 바람직하지만 국가 경제에서는 무역수지가 균형을 이루는 것이 바람직하기 때문이다. 물론 단기적으로 보면 국제 거래에서도 흑자가 바람직하다. 수출이 잘되어 생산이 늘면 고용이 증가하고 소득이 증대되는 효과가 있기 때문이다. 그러나 장기적인 흑자는 국내 경기를 과열시키고 물가를 상승시킬 우려가 있고 거래 상대국과의 마찰을 초래할 수 있다. 따라서 한 국가의 물가 안정과 경제 성장을 위해서는 무역수지가 균형을 이루는 것이 바람직하다.

① 은별 – 수입 상품에 관세를 부과해서 가격이 오르면 정부가 이익을 보겠네.

② 재진 – 자동차에 관세를 부과하면 국내 가격이 오르고 자동차 수요가 감소하겠지?

③ 예진 – 국제 거래에서 흑자가 오래 지속되면 다른 나라와 마찰이 생길 수도 있구나.

④ 아연 – 국내 생산량은 그대로인데 수입 수량을 제한해서 수입량이 감소하면 국내 가격이 내려가겠구나.

2 다음 글의 내용으로 적절하지 않은 것은?

우리는 세계와 일상적으로 상호작용하여 이를 인식하고 주변 사물을 경험한다. 이러한 경험은 심적 표상인 영상으로 남게 되는데, 이를 영상도식(image schema)이라 한다. 영상도식은 구체적인 신체 경험과 관련해서 형성되는 심적 표상의 일종이자 인지 구조로, 언어 표현을 만들어 내는 기저로 작용하기도 한다. 그렇다면 영상도식에는 어떤 것이 있을까?

'그릇 도식'은 '안', '밖'의 구조로 이루어진 도식으로서, 두 가지 유형이 있다. '그릇으로서 몸' 도식은 자기의 몸을 하나의 그릇으로 본다. 예를 들어 '나는 밥을 배불리 먹었다.'라고 한다면 내 몸이 그릇이 되고, 밥이 내 몸 안으로 들어오는 내용물이 된다. 한편, '그릇 속의 몸' 도식은 자기의 몸을 그릇 속의 내용물로 경험하는 것이다. 예를 들어 '나는 열 달 동안 엄마 뱃속에 있었다.'라고 한다면 나는 엄마라는 그릇에 담긴 내용물이 되는 것이다.

이밖에도 중용과 균형을 긍정적인 것으로, 지나침과 불균형은 부정적인 것으로 보는 '균형도식'과, 위-아래, 앞-뒤, 오른쪽-왼쪽 등의 방향과 관련된 '방향도식'이 있다. '위, 앞, 오른쪽'은 긍정적이며, '아래, 뒤, 왼쪽'은 부정적인 것으로 이해한다.

의미의 문제를 사람의 경험으로부터 독립시켜 정의하는 입장과는 달리 의미를 신체 경험과 관련지어 체험주의에 바탕을 두고 이해하고자 하는 것이 영상도식인 것이다. 그러나 영상도식과 같은 인지모형은 문화 의존적인 성격을 띠고 있어, 계통을 달리하는 언어들 간에 개념적 의미가 같은 단어일지라도 그 안에 담겨 있는 내포적 의미까지 동일하다는 보장은 없다.

① 영상도식은 신체 경험을 통해 형성되는 인지 구조를 말한다.

② '그릇 도식'은 자기의 몸을 어떻게 생각하는지에 따라 두 가지 유형으로 분류된다.

③ 균형도식은 균형의 여부를 기준으로 긍정적인 것과 부정적인 것을 인식하는 영상도식이다.

④ 계통이 다른 언어를 사용하는 두 사람이 같은 단어를 영상도식으로 인지한다면 그 단어의 내포적 의미까지 동일하게 이해할 수 있다.

3 다음 글의 내용과 일치하지 않는 것은?

파생어 형성의 과정에서는 어근과 접사가 결합하게 되는데, 이 과정을 규칙으로 기술할 수 있다. 그런데 규칙에는 일정한 조건이나 제약이 따르게 된다.

(1) 구두닦이, 옷걸이, 성냥팔이
(2) 맨눈, 맨몸, 맨손
(3) 길이, 높이, 깊이

(1)의 '구두닦이', '옷걸이', '성냥팔이'는 어근에 접미사 '-이'가 결합하여 형성된 것이다. 그런데 이 '-이'는 어근이 자음으로 끝날 때만 결합한다는 제약을 갖는다. 이와 같이 파생접사가 어근의 음운론적인 조건에 따라 결합이 제한되는 것을 파생어 형성 과정에서의 음운론적 제약이라 부른다. (2)의 '맨눈', '맨몸', '맨손'은 어근에 접두사 '맨-'이 결합하여 형성된 것이다. '맨-'과 결합하는 어근의 품사는 대체로 명사이다. '맨-'뿐 아니라 대부분의 파생접사들은 특정한 품사의 어근과만 결합한다. 이를 형태·통사론적 제약이라 부른다. (3)의 '길이', '높이', '깊이'는 어근에 접미사 '-이'가 결합하여 척도명사가 파생된 것이다. '짧이*', '낮이*', '얕이*'가 성립하지 않는 것에서 알 수 있듯이 척도명사 파생에서는 긍정적인 의미 내지 가치를 지니는 어근만이 사용된다. 어근의 의미상 특질에 따라 파생어의 형성이 허용되거나 제약되는 것을 의미론적 제약이라 부른다.

*: 문법에 맞지 않음을 표시하는 기호

① 접미사 '-이'는 모음으로 끝나는 어근과 결합하지 못한다.
② 부정적인 의미를 가진 어근에도 접사 '-이'가 결합하여 척도명사로 파생될 수 있다.
③ 의미론적 제약이란 어근의 의미상 특질에 따라 파생어 형성이 결정되는 것을 말한다.
④ 형태·통사론적 제약으로 인해 일반적으로 파생접사들은 특정 품사의 어근에만 결합한다.

정답 및 해설 7p

맞은 개수   / 3문제

1 다음 글의 내용과 부합하지 않는 것은?

> 많은 사람들은 의사소통에 대해서 음성언어를 통해 언어적 메시지를 전달하고 수용하는 과정이라고 말한다. 그렇지만 의사소통이 언어적 메시지만으로 이루어지는 것은 아니다. 사람들은 의사소통 과정에서 언어적 메시지뿐만 아니라 음성언어에 수반되는 강세, 어조, 억양 등의 반언어적 특질, 몸짓이나 얼굴 표정 등의 비언어적인 특질 등에 의해서 표현되는 화자의 느낌, 태도라는 메타메시지(meta-message)를 함께 전달한다. '메타메시지'란 문자 그대로 메시지에 대한 메시지라는 뜻으로 실제 대화 내용, 대화 시기와 장소, 분위기, 화자의 상대방에 대한 태도 등을 포괄해서 전해지는 메시지를 의미한다. 언어적 메시지가 '무엇을'에 해당하는 의사소통의 내용적 측면이라면 메타메시지란 '어떻게'에 해당하는 의사소통의 방법적 측면이라 할 수 있다.
>
> 실제 의사소통의 상황에서 메시지를 수용하는 수신자는 어떤 면에서 언어적 메시지보다는 메타메시지에 더 민감한 반응을 보인다. 상대방의 말을 들을 때 그 사람이 무슨 말을 했는가보다는 얼마나 진지하고 예절 바르게 말하는가, 자신에 대해서 얼마나 호의적인가 등을 중심으로 그 사람을 판단한다. 만약 말로 인해 갈등을 겪거나 상처를 받는 사람이 있다면, 그것은 대개 상대방이 무슨 말을 했는가 하는 말의 내용 때문이라기보다는 상대방이 어떤 식으로 말하는가 하는 방식이나 태도 때문이다. 같은 말이라도 떠벌리는 태도로 지나치게 크게 말한다거나, 상대방을 바라보지 않고 다른 곳을 응시하며 말하는 경우에는 참여자들 사이에 신뢰가 형성될 수 없다. 아무리 도움이 되는 말이라도 직접 면전에서 듣는 것보다 다른 누군가를 통해서 전해 듣는 것이 기분 나쁜 이유는 말하는 상황 자체에서 전달되는 메타메시지를 공유할 수 없기 때문이다.

① 의사소통은 언어적 메시지와 메타메시지를 통해 이루어진다.

② 메타메시지는 반언어적 특질이나 비언어적 특질 등을 전달하는 메시지다.

③ 다른 사람에게 말을 전해 들으면 메타메시지를 공유하게 되므로 기분이 나빠진다.

④ 실제 의사소통에서 수신자는 언어적 메시지보다 메타메시지에 더 민감하게 반응한다.

2 다음 글에서 알 수 없는 것은?

> 어느 한 단어나 문장이 두 가지 이상의 의미로 해석될 때, 이를 중의적 표현이라 하며 의미가 여러 개로 해석될 수 있는 문장을 중의문(重義文)이라고 한다. 그런데 이 중의문은 화자가 제시한 하나의 표현이 둘 이상의 의미를 지님으로써 청자가 화자의 의도와 뜻을 이해하는 데 혼동을 일으킬 수 있다.
>
> 국어에서 중의문이 이루어지는 방법은 크게 네 가지이다. 첫째는 단어의 중의성, 둘째는 문장의 구조 차이로 인한 중의성, 셋째는 부정 표현으로 인한 문장의 중의성, 마지막으로는 상황에 따른 중의성을 들 수 있다.
>
> 중의문은 확실히 의사소통에 크나큰 장애 요소가 아닐 수 없다. 따라서 중의성을 점검하는 일차적인 목표는 그러한 장애를 해소하려는 데 두어야 한다.

① 중의문의 개념 및 종류

② 중의성을 해소하는 방법

③ 중의적 표현과 중의문의 차이

④ 중의성을 점검해야 하는 이유

3 다음 글에 대한 설명으로 적절하지 않은 것은?

> 서양 전통 건축에서 모서리는 메워지고 봉합되어야 하는 대상으로 정의되었다. 그래야 기하학적 완결성이 완성되기 때문이다. 서양 전통 건축에서는 모서리가 딱 맞지 않으면 불완전한 것으로 받아들였다. 곧 두 개의 벽체와 천장이 만나는 모서리가 직각으로 맞아떨어져 물샐틈없이 정밀하게 짜인 경우를 이상적인 공간으로 보았다.
>
> 이와 같은 서양 전통 건축의 모서리 개념은 튼튼한 시공(施工)의 상징으로 해석된다. 실제로 현대 기계 문명에서 서양 건물이 튼튼하게 지어지는 데에는 건축에 대한 이러한 기본적 인식이 바탕에 깔려 있기 때문이다. 모서리가 잘 봉합된 서양 전통 건축의 공간은 개인의 사생활을 중요시하고 삶에서 편리성을 추구하는 서양인의 생활 방식에 잘 맞는 구조인 것이다.
>
> 그러나 공간이 주는 느낌이라는 측면에서 봤을 때, 서양 전통 건축의 모서리 처리는 공간을 불투명하고 폐쇄적으로 만들면서 한국 전통 건축과 큰 차이점을 갖게 된다. 모서리가 정확하게 봉합된 사각형 공간은 저쪽에서 일어나는 일을 전혀 알지 못하게 만드는 불투명한 공간이 되며, 동시에 사면이 꽉 조여지는 폐쇄적 공간이 된다. 특히 서양 전통 건축에서 주재료로 사용되는 돌은 건물의 불투명성과 폐쇄성을 배가시키는 역할을 한다.
>
> 이에 반해 한국 전통 건축의 사각형 공간은 모서리가 조금씩 열려 있는 경우가 많다. 물론 모서리가 닫히는 경우도 있는데 궁궐의 월랑(月廊)이나 돌담 그리고 한옥의 안채 등이 그 대표적인 예가 될 것이다. 궁궐은 왕의 경호라는 보안상의 이유로, 한옥의 안채는 살림의 편의성 확보를 이유로 그러했을 것이다.

① 서양 전통 건축에서는 모서리가 딱 맞아야 완전한 공간으로 생각했다.

② 서양 전통 건축의 불투명성과 폐쇄성은 건축의 주재료와도 연관이 있다.

③ 왕을 경호하기 위해 한국 궁궐의 모서리는 조금씩 열려 있는 경우가 많다.

④ 서양 전통 건축에는 편리성을 추구하는 서양인의 생활 방식이 반영되어 있다.

정답 및 해설 7p

맞은 개수   / 3문제

1 다음 글을 통해서 답을 찾을 수 있는 질문은?

단어는 여러 의미 요소의 복합체로 이해할 수 있는데, 한 단어가 가지고 있는 의미의 영역을 '단어장'이라고 한다. 어휘 구조는 상위의 장으로 층위가 올라가면서 점점 큰 영역의 장으로 묶이든가, 한 층위씩 점점 작은 하위의 장으로 쪼개진다. 단어를 의미의 요소들로 쪼개는 것을 성분분석이라고 한다. 실제로 성분분석은 [ ] 기호를 사용하여 의미자질을 표시한다. 예를 들어 '총각'의 의미 자질을 분석하면 [−기혼], [+남자], [+사람]으로 표시할 수 있다. 이 때, [+남자]라는 것은 '남자'라는 의미 자질을 가리키는 것이고, [+사람]이라는 단어장은 [+남자]라는 단어장에 비해 큰 영역이므로 상위어(上位語)이다.

장의 개념은 언어 간의 어휘 구조 비교에도 널리 쓰인다. 번역을 하다 보면 그 단어장이 일치하지 않는 경우를 발견한다. 미국에서 살던 아이가 한국에 와서 '아빠 눈 열어'라고 했다는 일화도 있다. 영어에는 '(눈을) 뜨다'에 open을 쓴다. 우리는 '열다'와 '뜨다'로 그 단어장을 쪼개 쓰는데 영어에서는 그것을 묶어 open 하나로 쓰는 것이다. 반대로 '푸른 하늘, 푸른 잔디'의 '푸른'을 모두 blue로 번역하면 우스워질 것이다. blue와 green으로 나누어져 있는 단어장을 우리는 하나로 묶어 '푸르다'로 쓰고 있는 것인데, 이는 '파랗다'나 '파랑'의 경우도 마찬가지다. '우리들 마음에 빛이 있다면 여름엔 여름엔 파랄 거예요. 산도 들도 나무도 파란 속에서 파란 하늘 보며 자라니까요.'에서 '파랄'을 영어로 번역하려면 난감할 것이다.

웨일즈(Wales)어에서는 청색, 녹색, 회색을 합쳐 'gla'라고 하며, 어떤 언어는 색을 아예 두 가지나 세 가지밖에 구분하지 못하는 것도 있다. 이처럼 언어마다 단어장의 크기가 다른데, 그것을 비교해보면 그 언어의 어휘 구조의 특징을 파악할 수 있다. 더구나 언어마다 단어장의 차이는 그 사회의 특징, 또는 그 민족의 사고 체계의 특징도 반영한다. 이렇게 그 지역 언중(言衆)의 사고 체계에 따라 언어도 세분화됨을 알 수 있다.

① 단어의 의미를 구분하는 기준은 무엇인가?

② 색채어 단어장의 크기가 가장 큰 언어는 무엇인가?

③ 단어장의 크기를 비교하여 알 수 있는 것은 무엇인가?

④ 언어 간의 구조를 비교할 때 고려해야 하는 우선순위는 무엇인가?

해커스공무원 국어 비문학 독해 333 Vol.1

2 다음 글의 내용과 일치하는 것은?

우중충한 하늘에서 비가 내리기 시작했다. 지금 며느리는 아이에게 젖을 물린 채 다림질을 하고 있다. 방에 있던 시어머니가 말을 건네 온다.

"아가, 할미가 업어 줄까?"

이 말은 할미가 젖을 빠는 손자에게 하는 말이 아니라 비가 뿌리는 밖에 널려 있는 빨래를 빨리 거둬들이라는, 시어머니가 며느리에게 하는 분부인 것이다. 며느리는 그 말을 통찰력으로 알아듣고 빨래를 거둬들인다.

텃밭에 가 남새 뜯어 국거리 마련하랴, 저녁밥 지으랴, 애들 돌보랴, 일손이 바쁜 며느리는 시어머니 담배 피우고 있는 방 앞에서 강아지 배를 차 깨갱거리게 하거나 마루에서 노는 닭들에게 앙칼스레 욕을 퍼붓는다. 시어머니는 '옳거니.' 통찰로 그 뜻을 알아차리고 바구니 들고 남새 밭에 가면 되건만, '그렇지 않아도 좀 쉬었다가 텃밭에 가려고 했는데 강아지 배를 차…… 어디 가나 보라.'고 버티고 있으면 며느리는 업힌 아이 보고,

"니 어머니는 무슨 팔자로 손이 세 개 달려도 모자라냐."고 혼잣말을 한다.

시어머니는 며느리가 지피는 장작불의 조잡함에서, 며느리가 먹인 시어미 삼베고쟁이의 칼날같이 뻣센 풀에서 며느리의 반항을 통찰할 줄 알아야 한다. 며느리가 업고 있는 아이의 울음의 질과 시간과 때와 경우를 판단하여 며느리가 아이 엉덩이를 꼬집어 울린 건지 아닌지를 통찰로 감식할 줄 알아야 한다.

왜냐하면 꼬집어 울리는 아이의 울음이나 배를 차서 울리는 강아지의 울음은 불만이 차 있는 며느리의 절규를 대행하는 것이기 때문이다. 요즘에는 플라스틱이라 소리가 나지 않지만 바가지 요란하게 긁는 것이, 통찰이란 미디어를 통한 강력한 발언인 것이다. 한국인은 이렇게 눈이나 귀가 입보다 말을 많이 한다. 즉, 한국인의 언어 사용은 말없는 '통찰의 의사소통'이 '말로 하는 의사소통'의 분량보다 한결 많다는 점에서 그 특수성을 찾아볼 수 있는 것이다.

① 한국인은 언어적 표현을 중점적으로 사용한다.

② 한국인은 입보다 눈이나 귀로 의사소통을 더 많이 한다.

③ 한국인은 통찰의 의사소통을 사용하여 신중하게 말을 하는 편이다.

④ 다른 언어와 달리 우리말은 생각을 분명하게 말로 전달하는 특징이 있다.

3 다음 글에서 알 수 있는 것은?

안정화 정책의 효과는 다소간의 시차를 두고 나타나는데 이를 정책시차라고 한다. 정책시차는 내부시차와 외부시차로 구분된다. 내부시차는 정부가 경제에 발생한 문제를 인식하고 실제로 정책을 수립·집행하는 시점까지의 시간을, 외부시차는 시행된 정책이 경제에 영향을 끼쳐 그에 따른 효과가 나타나는 데까지 걸리는 시간을 의미한다.

재량적 재정정책의 경우 추경예산을 편성하거나 조세제도를 변경해야 할 때 입법과정과 국회의 동의 절차를 거쳐야하기 때문에 내부시차가 길다. 이에 비해 통화정책은 별도의 입법 절차를 거칠 필요 없이 정부의 의지만으로 수립·집행될 수 있기 때문에 내부시차가 짧다. 또한 재량적 재정정책은 외부시차가 짧다. 예를 들어 경기 불황에 의해 실업률이 급격하게 증가할 때 정부는 공공근로사업 등에 대한 지출을 늘려 일자리를 창출하는데 이는 비교적 짧은 시간 안에 소비지출의 변화에 의해 총수요를 변화시킬 수 있다. 반면 통화정책은 정부가 이자율을 변화시켰다 하더라도 소비지출 및 투자지출의 변화가 즉각적으로 나타나지 않기 때문에 외부시차가 길다. 한편 자동안정화장치는 경기의 상황에 따라 재정지출이나 조세 징수액이 자동적으로 조절될 수 있도록 미리 재정제도 안에 마련된 재정정책이다. 따라서 재량적 재정정책과 마찬가지로 외부시차가 짧을 뿐만 아니라, 재량적 재정정책과는 달리 내부시차가 없어 경제 상황의 변화에 신속하게 대응할 수 있다는 장점이 있다. 이러한 자동안정화장치의 대표적인 예로는 누진적소득세와 실업보험제도가 있다.

① 외부시차의 문제점

② 자동안정화정치의 변화 과정

③ 재량적 재정정책의 적용 범위

④ 재량적 재정정책과 통화정책의 차이점

1 다음 글에서 알 수 있는 내용이 아닌 것은?

　　회전하면서 날아가는 공이 휘어지는 현상을 처음 설명한 사람은 독일의 물리학자인 하인리히 마그누스이다. 이 현상은 그가 날아가는 포탄이 휘어져 가는 것을 연구하다가 발견했기 때문에 '마그누스 효과'라고 부른다. 마그누스 효과는 회전하는 물체가 물체 주변의 압력차에 의해 휘어져 날아가는 현상으로, '속도가 빠른 쪽의 유체 압력이 느린 쪽의 유체 압력보다 낮다.'는 '베르누이 정리'로 설명할 수 있다.

　　공이 날아갈 때는 진행하는 방향과 반대 방향으로 공기 흐름이 생긴다. 만약 공이 회전하지 않고 날아가면 공의 양쪽으로 흐르는 공기의 속도가 같아 압력 차이가 발생하지 않는다. 하지만 공이 회전하면서 날아가면, 주위의 일부 공기를 끌고 가면서 공 주변에 새로운 공기의 흐름이 만들어진다. 이때 날아가는 공 주변에서는 공을 따라 도는 공기의 흐름과 공이 진행하는 방향의 반대 방향으로 움직이는 공기의 흐름이 서로 합해진다. 〈중 략〉

　　그러나 바나나킥을 베르누이 정리만으로 모두 설명할 수 있는 것은 아니다. 공의 표면에 작용하는 공기의 흐름이 매우 복잡하기 때문이다. 공의 속도가 빠를 때는 공 주변에 작은 소용돌이인 난류(亂流)가 생기는데, 이렇게 되면 공 양쪽의 공기의 속도 차이가 작아져서 압력 차이도 크게 발생하지 않는다. 하지만 속도가 느려져 공 주변의 난류가 사라지면 압력 차이가 커지므로 공이 휘면서 날아간다. 실험 결과 공의 속도가 108km/h 보다 빠르면 난류가 발생한다고 한다. 만약 어떤 축구 선수가 120km/h의 속력으로 공을 차는 경우, 처음에는 직선으로 날아가다가 108km/h 이하로 떨어지면 휘면서 날아가게 될 것이다. 이와 같이 베르누이 정리와 난류에 관한 역학(力學)을 이용하면 바나나킥의 원리를 쉽게 설명할 수 있다. 축구에도 이러한 과학적 원리가 숨어 있다.

① 공의 속도가 빠른 쪽의 유체 압력이 느린 쪽의 유체 압력보다 크다.

② 공이 회전하지 않고 날아갈 때는 공 주변에 압력 차이가 발생하지 않는다.

③ 공이 날아가는 속도가 느릴 때는 압력 차이가 커지므로 휘어지며 날아간다.

④ 베르누이 정리와 난류에 관한 역학을 통해 회전하면서 날아가는 공이 휘어지는 현상을 설명할 수 있다.

2 다음 글의 내용으로 적절하지 않은 것은?

> 삼단 논법이란 두 개의 전제와 하나의 결론, 즉 세 단계의 명제로 구성된 추리 방식을 말한다. 전제가 모두 참일 때 거짓인 결론이 도출될 수 없는 추론 형식을 타당하다고 한다. 논리학에 있어 타당성은 추론 절차의 올바름을 뜻하며, 이는 명제의 참·거짓과는 관계가 없다. 전통 논리학에서는 삼단 논법을 이루는 세 명제들의 성질과 관계를 분석하여 타당한 추리의 형식을 체계화하였다.
>
> 삼단 논법의 타당성을 결정하는 요소들 중 하나는 주연(周延)이다. 주연은 명제에서 주어 개념이나 술어 개념이 그 대상의 전부를 지칭하느냐 아니냐를 구별하기 위해서 사용하는 용어이다. 명제 안에서 어떤 개념이 그 대상의 전부를 지칭하도록 사용되었을 때 '주연되었다'고 하고 그 대상의 일부분만 지칭하도록 사용되었을 때 '부주연되었다'고 한다.

① 주연을 통해 삼단 논법의 타당성을 결정할 수 있다.

② 논리학에서의 타당성은 명제의 사실 여부와 관련이 없다.

③ 명제의 목적어 개념이 그 대상의 전부를 지칭할 때 '주연되었다'라고 한다.

④ 삼단 논법은 전제가 모두 참일 때 결론 또한 참이 되는 형식을 타당하다고 한다.

3 다음 글에서 알 수 있는 것은?

> '버선코'와 '그물코'의 '코'는 얼굴 중앙에 튀어나온 신체 기관으로서의 '코¹[鼻, nose]'와 어떤 의미 관계일까? 버선 앞쪽 끝에 뾰족하게 올라온 부분을 뜻하는 '버선코'의 '코'는 물체의 중앙에 솟아있다는 점에서 신체기관으로서의 '코¹'와 형태의 유사성을 어렵지 않게 찾을 수 있다. 때문에 '코¹'에서 의미가 갈린 다의 관계로 보고 '코¹'의 하위항목으로 풀이한다. 하지만 그물이나 뜨개질한 물건 등의 눈마다의 매듭을 뜻하는 '그물코'의 '코'는 어떨까? '코¹'와 형태나 기능 등에서 유사성을 찾기 어려우므로, 소리는 같지만 서로 다른 단어로 보고 '코²[stitch]'로 구분하는 것이다. 따라서 신체기관인 '코'와 '버선코'의 '코'는 다의 관계라고, '그물코'의 '코'는 동음이의 관계라고 말할 수 있다.
>
> 하지만 의미의 유사성이라는 기준이 늘 선명하고 객관적일 수 없어 두 의미의 관계가 '동음이의'의 관계인지 '다의'의 관계인지를 구분하기가 어려울 때가 있다. 이때는 단어의 어원(語源)을 활용하는 것도 한 방법이 될 수 있다. 어원적으로 같았던 단어이면 현재 의미가 다소 멀더라도 한 단어의 다의 관계로 보고, 어원적으로 다른 단어는 별개 단어의 동음이의 관계로 해석하는 것이 그것이다.

① '버선코'와 '그물코'의 '코'는 '코¹'와 다의 관계이다.

② 다의 관계와 동음이의 관계를 구분하는 기준은 사람마다 다르다.

③ 의미의 유사성만으로 두 단어의 의미 관계를 파악하는 것은 어렵다.

④ 두 단어의 어원이 같더라도 의미가 다르면 동음이의 관계로 볼 수 있다.

정답 및 해설 9p

관점과 태도 파악 ①

1 필자의 견해로 볼 수 없는 것은?

　　동양화의 특징은 여러 가지가 있겠지만 그중 여백의 미를 빼놓을 수 없다. 여백의 미를 살리지 않은 그림은 동양화라 할 수 없을 정도로 여백은 동양화에서 흔히 볼 수 있는 특징이다. 이 여백은 다양하게 표현된다. 화면 한쪽을 넓게 비워 놓는 큰 여백이 있는가 하면, 화면의 형체 사이사이에 좁게 비워 놓는 작은 여백도 있다. 또한 여백은 아무것도 그리지 않은 빈 공간으로 표현하는 것이 보통이지만, 물이나 하늘, 안개나 구름과 같은 어떤 실체를 표현하기도 한다. 그리고 빽빽함에 대비되는 성김으로, 드러남에 대비되는 감춤으로 여백 표현을 대신하기도 한다.

　　화면의 여러 부분을 비워 둠으로써 여백은 화면에 여유와 편안함을 주고 이로 인해 감상자는 시원함을 느끼게 된다. 동양화 속의 일부 경물들이 세밀하고 빽빽하게 그려져 있더라도 그리 복잡하거나 산만하게 보이지 않는 것은 바로 이 여백이 있기 때문이다. 특히 산수화에서의 여백은 세밀하게 표현된 경물들을 산만하지 않게 잘 정리해 주어 화면 전체에 안정감을 제공한다.

　　여백은 화면에 여유와 안정감을 주면서 독자의 상상력을 자극하는 효과를 갖는다. 여백이 지닌 이러한 효과들로 동양화의 감상자는 운치와 여운을 느낄 수 있다. 이처럼 여백은 다 그리고 난 나머지로서의 여백이 아니라, 저마다 역할이 있는 의도적인 표현이다. '동양화의 멋은 여백에서 찾을 수 있다'고 할 정도로 여백은 동양화의 특징을 잘 드러내는 중요한 표현 방법이다.

① 여백은 다양한 방법으로 표현된다.

② 여백은 상상력을 발휘하게 해 준다.

③ 여백은 화면 전체에 안정감을 준다.

④ 여백은 시원함과 산만함을 동시에 느끼게 한다.

2 다음 글쓴이의 입장에 부합하는 것은?

> '철 그른 동남풍'이란 말이 있다. 버스 떠난 뒤에 손 든다는 식으로 때를 놓쳤을 때 흔히 하는 말이다. 어떤 일이든 그 일에 맞는 적절한 때가 있기 마련이라는 뜻이다. 우리말 '철'은 계절을 지칭하기도 하고, '철 들다, 철나다'에서와 같이 사리를 분별하는 힘을 나타내기도 한다. 제철을 모르고서는 제대로 농사를 지을 수 없다는 뜻에서 의미가 확장된 것으로 보인다. 이처럼 우리말은 농경 문화의 특성이 반영되어 절후에 대한 인식이나 그것을 부르는 명칭도 먹고 사는 일, 이른바 농사일과 결부되어 있다.
>
> '오월 농부, 팔월 신선'이란 말도 있다. 보릿고개의 절정인 음력 5월은 농사짓는 사람으로서는 더할 수 없이 어려운 시기다. 그러나 한가위가 낀 8월은 그 풍족함이 어떤 신선도 부럽지 않다는 데서 이런 말이 생겼다.
>
> 한편, 우리말은 감각어가 많이 발달되어 있다. 우리 민족은 본래 풍류를 즐기는 낙천적인 민족으로, 정서적이고 감각적인 편이었다. 이러한 특징이 언어에 반영되어 우리말에 감각적인 어휘가 풍부하게 되었다.
>
> 계절 감각을 잘 드러내는 몇 가지 예를 들어보면, 이른 봄, 쌀랑한 추위를 일컫는 '꽃샘'이란 말이 있다. 한겨울 추위보다 더 고약스런 봄추위에, 우리는 이처럼 멋진 이름을 붙여 주었다. 일종의 감정 이입법으로 꽃에 대한 동장군의 시샘을 그렇게 표현한 것이다.

① 다른 언어에 비해 우리말은 특히 감각어가 발달했다.

② 우리말에는 우리 민족의 삶의 모습과 사고방식이 나타난다.

③ 한국인은 직설적으로 말하기보다 돌려서 표현하는 것을 좋아한다.

④ 감정 이입법이 사용된 계절 감각 표현 방식은 우리말에서만 찾아볼 수 있다.

3 다음 글에 대한 설명으로 적절한 것은?

> 한국의 금속 활자 인쇄술에 대한 진정한 의미를 모르는 채 부정적인 견해만을 나타내는 것은 문제가 있다. 구텐베르크 인쇄술은 유럽 사회의 근대화 과정 속에서 발명되었고, 종교 개혁과 과학 혁명을 낳은 일등 공신으로 유럽의 근대화에 큰 영향을 미쳤지만, 동시에 유럽의 자본주의화라는 사회적 과정 없이는 인쇄술 탄생은 생각할 수 없는 것이다. 그런데 일부에서는 구텐베르크의 인쇄술을 접근하는 방식으로 우리나라의 금속 활자를 이해하려고 한다. 그러나 여기에는 시대를 고려하지 못한 측면이 있다. 14, 15세기 고려 말, 조선 초 우리의 금속 활자 인쇄술이 꽃을 피웠던 사회적 배경이 중세에서 근대로 전환하던 유럽의 역사적 단계와는 달랐던 사실을 주목해야 한다. 그리고 한국의 금속 활자 인쇄술은 새로운 지배 계급으로서 사대부들의 유교적 이상 국가 건설이라는 역사적 변화를 낳은 데 크게 기여하였다. 다시 말해 15세기 중엽 구텐베르크의 인쇄술이 유럽의 근대화 과정을 만족시켰던 것처럼, 유교 문화를 꽃피운 한국의 금속 활자도 역사적 의미를 충분히 지니고 있다.

① 상대적인 시각으로 동서양의 인쇄술을 평가하는 태도를 문제 삼고 있다.

② 한국의 금속 활자가 구텐베르크 인쇄술보다 가치 있다는 점을 강조하고 있다.

③ 조선의 근대화를 촉진시킨 한국 금속 활자 인쇄술의 역사적 의미를 밝히고 있다.

④ 역사적 근거를 제시하여 한국의 금속 활자 인쇄술이 평가 절하되는 것에 대해 반박하고 있다.

정답 및 해설 9p

1 다음 글에 대한 설명으로 적절한 것은?

> 랑케는 역사적 사실을 '신(神)의 손가락'에 의해 만들어진 자연계의 사물과 동일시했다. 그는 각 시대나 과거의 개체적 사실들은 그 자체로 완결된 고유의 가치를 지녔으며, 이는 시간의 흐름을 초월해 존재한다고 믿었다. 그래서 역사가가 그것을 마음대로 해석하는 것은 신성한 역사를 오염시키는 것이라 여기고, 과거의 역사적 사실을 그대로 기술하는 것이 역사가의 몫이라고 주장했다. 이를 위해 역사가는 사료에 대한 철저한 고증과 확인을 통해 역사를 인식해야 하며, 목적을 앞세워 역사를 왜곡하지 말아야 한다고 보았다.
>
> 드로이젠은 역사적 사실이란 어디까지나 역사가의 주관적 인식에 의해 학문적으로 구성된 사실이라는 점을 강조했다. 그래서 그는 역사를 단순히 과거 사건들의 집합으로 보지 않았으며, 역사가의 임무는 과거 사건들을 이해하고 해석하여 하나의 지식 형태로 구성하는 것이라고 보았다. 그리고 객관적 사실을 파악하기 위한 사료 고증만으로는 과거에 대한 부분적이고 불확실한 설명을 찾아낼 수 있을 뿐이라고 했다.
>
> 하지만 드로이젠이 역사가의 주관적 인식을 강조했다고 하더라도, 역사가가 임의로 과거의 사실을 이해하고 해석한다고 본 것은 아니다. 그는 역사가가 과거의 개체적 사실들 가운데 일부를 역사적 사실로 인식하는 과정에서, 역사가의 주관이 개입하기 이전에 결정적으로 작용하는 '범주로서의 역사'가 있다고 보았다. 즉 범주로서의 역사라고 하는 것이 역사가의 역사인식을 선험적으로 규정한다고 본 것이다. 이때, 역사인식의 범주를 형성하는 것은 '인륜적 세계'이다. 인간은 태초부터 주어진 자연의 세계보다는 인간의 의지와 행위에 의해 만들어진 인륜적 세계에 살고 있다. 따라서 역사는 이와 같은 인륜적 세계 속에서 일어나며 또한 그것과의 연관 속에서만 파악될 수 있다는 것이다.
>
> 요컨대 드로이젠은 랑케의 객관적 역사인식과 달리 역사인식의 주관성을 주장하면서도, 선험적으로 주어진 인륜적 세계가 역사가의 역사인식과 해석을 결정한다고 보았다. 따라서 그의 주관주의적 역사인식론은 결코 상대주의로 나아가지 않았다.

① 드로이젠은 역사가의 역사인식이 범주로서의 역사를 먼저 규정한다고 보았다.

② 랑케는 과거의 사실들을 임의로 기술하는 것이 역사가의 역할이라고 생각했다.

③ 랑케는 사료에 대한 철저한 고증을 통해 역사를 객관적으로 인식해야 한다고 주장했다.

④ 드로이젠은 사료 고증을 통해 과거에 대한 부분적인 설명을 찾아낼 수 없다고 강조했다.

2 다음 글을 바탕으로 '아낭케'에 대해 바르게 이해한 사람은?

> 기계론적 관점에서 아낭케는 법칙성이라는 의미의 필연을 뜻한다. 데모크리토스의 이론은 이런 기계론적 관점의 아낭케를 잘 보여 준다. 이성의 작용도 일종의 원자 운동이라고 본 데모크리토스는 모양, 위치, 배열이라는 특징을 지니는 원자들이 특정하게 부딪치면 그것이 원인이 되어 정해진 결과들이 나온다는 역학적 인과 관계의 법칙만을 인정한다. 이런 법칙성이 바로 기계론적 관점에서 말하는 아낭케이다.
>
> 이와 달리 목적론적 관점에서 아낭케는 질료적 조건이라는 의미의 필연을 뜻한다. 여기서 '질료(質料)'는, 이상적인 목적인 '형상(形相)'이 현실에서 구현되기 위해 필연적으로 존재하는 조건이다. 목적론적 관점을 지닌 플라톤은, 현실에 구현되기 이전의 형상은 그 자체로 완벽한데, 질료가 형상을 그대로 담아내지 못하기 때문에 현실에 오차나 무질서가 있다고 생각한다. 즉 플라톤이 생각하는 아낭케는, 형상이 현실에 구현되기 위해 반드시 있어야 하는 질료적 조건으로서의 필연이라는 의미를 지닌다. 동시에 질료가 형상을 완벽하게 받아들이지 못하는 한계가 있으므로 아낭케는 극복해야 할 어떤 것이라는 의미도 지니게 된다.

① 해린: 목적론적 관점은 현실을 그대로 표현하기 위해 아낭케가 필요하다고 생각했어.

② 하영: 플라톤은 아낭케를 이상적인 목적이 실현되기 위해 극복해야 하는 것이라고 생각했어.

③ 유리: 데모크리토스는 이성의 작용도 원자 운동의 일종이므로 아낭케로 규정하기 어렵다는 점을 인정했어.

④ 혜원: 기계론적 관점은 아낭케를 운명으로서의 필연이라는 의미이며 신화적 상상력으로 세상을 바라보는 개념이라고 생각했어.

3 다음 글에서 '로저스'의 견해로 볼 수 없는 것은?

> 1940년대에 로저스는 프로이트가 인간을 과거의 경험에 의해 형성되는 수동적인 존재로 파악한 것에 반발하여 인간을 '자신의 가능성과 잠재력을 발견하고 실현할 수 있는 존재'로 간주하는 인간중심적 상담을 주장했다. 인간중심적 상담에서는 사람은 외적으로 부여된 가치에 맞추어 살려고 하기 때문에 자기가 타고난 가능성과 잠재력을 발견하지 못하고 심리적 문제를 겪는다고 보았다. 따라서 상담자는 내담자를 대할 때 가식이나 겉치레 없는 진솔한 태도를 보이며, 어떠한 전제나 조건을 달지 않고 이야기를 들어주고 세심하고 정확하게 이해해 주는 공감적 태도를 취한다. 상담자가 이러한 태도를 일관되게 유지하면, 내담자가 자기 자신을 의미 있게 만드는 것은 바로 자신이라는 것을 깨닫게 되어 외적으로 부여된 가치들을 스스로 해체하여 심리적 문제를 해결할 수 있다는 것이다. 인간중심적 상담은 이전의 상담과 달리 상담 기법보다는 상담 태도에, 문제 해결보다는 내담자 자체에 초점을 두었다.

① 상담 기법보다는 상담 태도를 중시한다.

② 상담자는 자신의 잠재력을 깨닫는 것이 중요하다.

③ 인간은 잠재적 가능성을 지닌 능동적인 존재이다.

④ 상담자는 진솔하고 공감적인 태도를 유지해야 한다.

정답 및 해설 10p

1 다음 글에서 '주옹'이 비판하는 대상으로 가장 적절한 사람은?

> 주옹이 말하기를
>
> "아! 손은 미처 생각하지 못하였도다. 대개 사람의 마음이란 조사(操舍)가 무상한 것이라. 평탄한 육지를 밟으면 태연히 여겨 방심하게 되고, 험한 지경에 처하면 떨고 두려워하게 되나니, 떨고 두려워하게 되면 조심하여 지킬 수 있으려니와, 태연히 여겨 방심하면 반드시 방탕하여 위태롭게 된다. 내 차라리 험한 곳에 처하여 항상 조심할지언정, 안일한 데, 살아 스스로 황폐해짐을 막으려 한다. 하물며 내 배는 이리저리 떠돌아 일정한 형식이 없음에랴! 만약 한쪽으로 편중이 있게 되면 그 형세가 반드시 기울어지게 될 것이다. 좌우로 기울지도 않고, 무겁지도 가볍지도 않게 그 중심을 지켜 평형을 잡은 뒤에야 기울어지지 않아서 내 배의 평온을 지키게 되니, 아무리 거센 풍랑인들 어찌 내 마음의 홀로 편안한 바를 요동시킬 수 있겠는가! 또, 인간 세상은 하나의 거대한 물결이요, 인심은 한바탕 거대한 바람이라. 조그마한 내 한 몸이 아득히 그 가운데 빠져 표류하는 것이 마치 일엽편주가 끝없는 만경창파 위에 떠 있는 것과 같다. 대개 내가 배에 있으면서 세상 사람들을 보니, 편한 것을 믿고서 환란을 생각하지 않으며, 욕심을 마음껏 부리면서 종말을 생각지 않다가, 함께 빠져 망하는 자가 많다. 손은 어찌 이를 두려워하지 않고 도리어 나를 위태하다 하는가!"
>
> 하였다.

① 편안한 생활에 익숙해져서 나태해진 혜정

② 다른 사람의 비밀을 누설하고 다니는 장미

③ 친한 사람의 말이라면 무조건 믿고 따르는 진우

④ 위험한 상황을 대비하여 무엇이든 조심하고 경계하는 기송

2 필자의 견해로 볼 수 없는 것은?

경험론이란 인간의 인식이나 지식의 근원을 인간의 지각, 즉 경험에서 찾는 철학적 입장을 가리킨다. 굳이 '지혜는 경험의 딸이다.'라는 레오나르도 다빈치의 말이 아니더라도 경험이 어떤 가르침을 준다는 사실을 부인할 사람은 드물 것이다. 경험을 통해 무엇을 알게 되는 것은 모든 사람이 일상적으로 겪는 과정이기 때문에 이 입장을 거부하는 것은 쉽지 않다.

경험론의 전통은 멀리 고대 그리스의 소피스트, 키레네 학파까지 올라가지만, 합리론에 대립되는 본격적인 경험론은 프랜시스 베이컨이 체계를 세웠다. 사실 이 두 사상은 모두 자연과학 발전의 영향을 받았지만, 그 발전의 핵심 동력은 다르게 파악하며 철학적 토대를 닦아 나갔다. 경험론자들은 관찰과 실험에 입각한 귀납적 방법이, 합리론자들은 이성적 사고에 기반을 둔 연역적 추론이 각각 자연과학의 발전을 이끌었다고 여겼다.

경험론자들은 귀납법을 통해 구체적이고 개별적인 사례들에서 인간과 자연에 대한 보편적인 법칙을 알아갈 수 있다고 생각했다. 하지만 조금 더 생각해보면 경험론은 한계가 있음을 알 수 있다. 예를 들어 똑같은 장소를 걸어서 지나친 여행자와 기차를 타고 지나친 여행자를 생각해 보자. 장소는 동일하지만 두 여행자가 그 장소를 바라봤던 경험은 분명 다를 것이다. 그런 점에서 경험의 세계는 절대적으로 확신하기가 어려운 것이다. 그러므로 자신의 경험에 오류가 있을 수도 있음을 받아들이는 겸허한 태도가 필요하다.

그럼에도 불구하고 인간에게 있어 의미 있고 근거 있는 인식은 경험에서 출발한다는 경험론의 입장은 여전히 설득력이 있다. 그리고 근대 이후 철학들은 경험론에서 바라본 경험의 의미를 존중하면서 그 의미를 나름대로 확장했다. 칸트의 관념론은 '정신의 경험'까지, 라캉의 구조론은 '무의식의 경험'까지 의미를 넓힌 것이다. 이처럼 근대 이후 철학의 상당 부분은 경험론의 영향 아래 진행되었다고 해도 과언이 아니다.

① 경험을 통해 무엇인가 깨닫는 것은 누구나 겪는 일이다.
② 근대 이후 철학의 상당 부분은 경험론의 영향을 받아 발전했다.
③ 일반적인 사실에서 구체적인 사례를 파악하는 태도를 가져야 한다.
④ 개별적 사례들로부터 보편적인 법칙을 이끌어내는 것에는 한계가 있다.

3 다음 중 '갑'의 입장과 부합하는 것은?

> 두 사람의 나무꾼이 산에 나무를 하러 갔다. 그중에 을이라는 나무꾼은 매우 민첩하여 마치 원숭이와 같이 나무를 잘 탔는데, 나무를 베는 솜씨도 역시 훌륭하여 그가 한 짐은 늘 많았다. 그러나 갑이라는 나무꾼은 겁이 많아 나무에 잘 못 올라갔다. 그래서 겨우 마른 건초들이나 조금 베어 와 그의 나뭇짐은 늘 부실하였다. 그리하여 을이 갑에게 충고하였다.
>
> "자네는 땔나무 하는 방법을 모르는가? 좋은 땔나무는 평지에서는 구할 수 없는 법일세. 나도 처음에는 온종일 노력하였으나 한 아름도 구하지 못하였다네. 힘은 많이 들어도 결과는 시원찮았지. 그래서 나는 나무에 오르는 기술을 익히기로 결심하고 처음으로 나무에 올라갔더니, 몸은 떨리고 다리에서는 땀이 날 뿐 아니라 나무 아래를 내려다보면 마치 무엇이 밑에서 나를 잡아당기는 듯이 땅으로 떨어지려고 하더군. 그러다가 점점 마음이 진정되어 한 달쯤 지나니까 높은 데 올라가도 평지를 밟는 것처럼 두려움이 없어졌네. 이렇게 나무를 베다 보니, 사람들의 손이 닿지 않는 곳에서 나무를 더 많이 구할 수 있다는 것도 알았네. 그리고 또 그냥 평범한 데 안주하는 사람은 남보다 갑절이나 되는 공을 이룰 수 없다는 것도 알았네."
>
> 갑은 이 말을 듣자 오히려 웃으며 말하였다.
>
> "내가 땅에 있을 때에 자네가 나무에 올라가 있으면 그 높이가 그저 한 길이나 열자쯤 되지만, 내가 볼 때에는 높이 올라간 사람이 왜 낮게 내려올 줄 모르는가 하고 의아해 하며, 또 자네는 왜 저 사람은 높이 올라올 수 없는가 할 것일세. 낮고 높은 것은 사실 나나 자네가 정한 것이 아니라네. 그러나 한 가지 분명한 것은 이익을 한꺼번에 많이 얻으려고 하면 화근이 깊어지고, 결과를 빨리 보려고 하면 도리어 실패가 빠르다는 사실일세. 그러니 나는 자네를 따르지 않겠네."

① 누구에게도 의지하지 않고 독립적으로 살아야 한다.

② 큰 성과를 짧은 시간 안에 내려는 욕심을 버려야 한다.

③ 평범한 삶에 안주하기보다 성공하기 위해 노력해야 한다.

④ 남의 허물도 덮어줄 수 있는 유연한 자세를 가져야 한다.

정답 및 해설 11p

글의 전략 파악 ①

1 다음 글의 전개 방식에 대한 설명으로 적절한 것은?

토의란, 어떤 공통된 문제에 대한 최선의 해결안을 얻기 위하여 여러 사람이 모여서 의논하는 말하기 양식이다. 토의에서는 하나의 문제에 대하여 다양한 의견이 교환되어야 하므로, 가능한 참가자 전원이 의견을 제시하고 여러 방안에 대한 검토와 협의가 이루어지는 것이 바람직하다.

토의는 위와 같은 중요한 구실을 하기 때문에 그 목적이나 경우에 알맞은 여러 방식들이 개발되어 왔다. 그 결과 토의에는 많은 종류가 있는데, 그 중에서 대표적인 것 몇 가지를 들어보면 다음과 같다.

원탁 토의는 10명 내외의 소수의 사람들이 자유로운 분위기에서 주어진 토의 문제를 분석하고 진단하며 나아가 그에 대한 해결 방법을 모색하는 토의 방식이다. 원탁 토의는 비공개적 자유 토의의 대표적 형태로서 대화 형식으로 진행되기 때문에 참여자들이 적극 참여할 수 있어 주어진 토의 문제에 대한 의사 결정을 쉽게 얻을 수 있다는 것이 장점이다. 그러므로 어떤 문제의 해결 방안을 결정하는 데 적합하며 여러 사람들이 공동 문제를 정확히 진단하고 이해하는 데도 많이 사용된다.

패널 토의는 주어진 토의 문제에 대한 전문 지식을 지닌 몇 사람(대체로 3~6인)의 토의자들이 사회자의 진행에 따라, 일반 청중 앞에서 토의 문제에 대한 정보나 지식, 의견이나 견해 등을 나누는 공개적 토의이다. 토의가 끝난 뒤에는 청중으로부터 질문을 받고 그에 대하여 토의자들이 답변하는 질의-응답 시간이 주어진다. 따라서 이 토의는 시사 또는 학술 문제 등에 관한 정보나 의견 등을 청중 참여자들에게 알려주면서 그 문제를 이해하고, 해결 방안을 모색하기 위한 토의에 많이 이용된다.

① 용어의 정의를 제시하여 독자의 이해를 돕고 있다.

② 전문가의 견해를 인용하여 글의 신뢰성을 확보하고 있다.

③ 사회적 통념을 제시하고 그에 대한 문제를 제기하고 있다.

④ 유사한 개념 간의 비교를 통해 용어의 내포적 의미를 밝히고 있다.

의사소통과 관련된 수많은 연구 결과에 따르면 정보 전달을 위해서 우선적으로 음성 언어가 사용되고, 동작 언어는 사람과 사람 사이의 태도를 변화시키며, 어떤 경우에는 음성 언어의 대체로서 동작 언어가 사용된다는 데에 동의한다. 의사소통 시 동작 언어가 전달하는 정보의 양이 65%~70%에 해당되고, 음성 언어는 약 30%~35%의 정보만을 전달한다는 버드휘스텔(Birdwhistell)의 연구를 통해 보더라도, 대화에서 동작 언어가 차지하는 비중은 대단히 크다는 것을 알 수 있다. 그러나 동작 언어 안에 감싸여 있는 것이 음성 언어이기 때문에, 이들 두 가지를 따로 떼어놓는다는 것은 거의 불가능한 일이다.

동작 언어를 사용하고 이해하는 능력이 선천적인 것인지, 체험에서 얻어지는 것인지, 유전적으로 전이되는 것인지, 그렇지 않으면 어떤 다른 방법으로 습득되는 것인지에 대해 많은 연구와 조사가 있었다. 아이들이 빠는 능력을 가지고 태어나는 것은 선천적이고 유전적인 것이다. 이와 마찬가지로 청각이나 시각에 장애를 가지고 태어난 아이들이 웃는 것은 모방이나 학습과는 관계가 없는 선천적이고 유전적인 것이다. 〈중 략〉

음성 언어가 음성을 매개로 한다면, 몸짓을 매개로 하여 기호로 사용되는 동작 언어를 기호적 동작 언어라고 말한다. 그런 점에서 음성 언어와 가장 가까운 것도 기호적 동작 언어이다. 본능적 동작 언어가 선천적으로 습득되는 것이라면, 기호적 동작 언어는 후천적인 학습에 의해 습득되는 것이다. 이것은 대부분이 사회적인 약속으로 기호화되어 있는 것을 문화적 모방에 의해 배운 것이다. 따라서 자기 마음대로 만들어서 사용할 수는 없고, 서로 학습하여 공유하는 사회적인 약속을 배워서 사용하는 것이다.

① 연구 결과를 바탕으로 내용을 전개한다.
② 통계 수치를 제시하여 논지를 강화하고 있다.
③ 구체적인 기준을 통해 대상을 구분하고 있다.
④ 상반된 사례를 들어 설명 대상의 중요성을 강조하고 있다.

3 다음 글을 읽은 독자의 반응으로 적절하지 않은 것은?

올림픽 중계방송을 보다 보면, 동메달을 딴 선수보다 은메달을 딴 선수의 표정이 더 어두운 것을 종종 보게 된다. 이는 심리적인 만족도가 객관적인 상황에 대한 평가와 다르다는 것을 단적으로 보여 준다. 이러한 현상은 인간의 선택 행위에 영향을 주는 심리적 양상과도 유사한 면이 있다. 일반적으로 선택은 자신에게 가장 유리한 것을 고르는 행위이다. 그런데 우리는 심리적 영향에 따라 비합리적인 선택을 하기도 한다.

다음의 두 경우는 객관적 상태와 심리적 만족도가 상이할 수 있음을 잘 보여준다. '입장료가 만 원인 음악회에 가기로 결정했다. 그런데 공연장에 들어가려고 할 때, 만 원짜리 지폐를 잃어버린 것을 알게 된다. 그래도 당신은 만 원짜리 표를 사서 음악회를 볼 것인가?' 이 설문에 대해서 응답자들의 90퍼센트가량은 그렇다고 대답한다. 반면에 다음의 경우는 양상이 달라진다. '당신은 음악회에 가려고 만 원짜리 표를 구입했다. 그런데 공연장에 들어가려고 할 때, 그 표를 잃어버린 것을 알게 된다. 당신은 다시 만 원을 내고 표를 사겠는가?' 이런 상황에서는 응답자들의 50퍼센트 미만이 표를 다시 사겠다고 대답한다.

이처럼 결과가 객관적으로는 동일한 것임에도 심리적 반응이 달라지는 이유는 무엇일까? 이 두 경우의 차이점은 '심리적인 틀'을 만드는 방식과 관련이 있다. 음악회를 보게 되면 전자와 후자 모두 이만 원이 들겠지만, 전자의 경우 음악회라는 항목에 배당된 심리적 금액은 만 원이며, 잃어버린 만 원은 음악회와 무관한 것으로 간주한 것이다. 반면 후자의 경우는 음악회라는 항목에 이만 원이라는 금액이 배당된 것이다.

① 자문자답의 방식을 활용해서 설명하고 있어.

② 특정한 상황을 제시해 논지에 대한 이해를 돕고 있어.

③ 통념과 반대되는 진술을 통해 호기심을 유발하고 있어.

④ 합리적인 선택의 원인과 결과를 통해 교훈을 주고 있어.

1 **다음 글의 진술 방식에 대한 설명으로 적절한 것은?**

> 　과거 윤리학의 주제는 대체로 행위의 주체인 개인의 덕목이나 양심과 관련된 것이었다. 그러나 윤리학자들은 사회가 그 자체의 독자적 논리에 따라 움직일 뿐 아니라, 개인의 선택과는 무관하게 그러한 논리가 사회 구성원들의 행위와 선택을 좌우한다는 것을 깨닫게 되었고, 그에 따라 사회 윤리에 대한 연구가 활성화되기에 이르렀다.
>
> 　사회 윤리학에서는 사회 윤리가 개인 윤리보다 우선적인 것으로 생각하고, 사회의 기본 구조나 체제의 윤리성에 보다 주목하고 있다. 존 롤스(J.Rawls)에 의하면, 사회의 기본 구조나 체제의 윤리성이 중요시되어야 하는 첫째 이유는, 개인이나 집단의 행위는 언제나 일정한 사회적 조건 속에서 이루어지기 마련이어서, 그 사회적 조건은 공정한 것이어야 하기 때문이다. 그에 따르면 개인 간의 상호 관계가 합리적이고 공정하게 이루어지기 위해서는 어떤 사회적 조건이 필요하다. 그래서 롤스는 사회의 기본 구조에 속하는 제도들에 주목하여 개인이나 집단의 행위가 이루어지는 정당한 사회적 조건이 확보되어야 한다고 주장하였다. 이러한 조건이 확보되지 않는다면, 비록 개인적 차원에서는 정의롭다고 평가할 수 있는 행위도, 그것이 그릇된 사회 기본 구조를 호도(糊塗)할 수 있으므로, 더 이상 정의롭지 않게 되는 것이다.

① 특정한 시기의 사례를 통해 논점을 전환하고 있다.

② 통시적인 관점에서 학문의 발달 양상을 서술하고 있다.

③ 연역적인 추론으로 사회적 논의의 필요성을 도출하고 있다.

④ 화제에 대한 여러 관점을 인과의 방식을 통해 설명하고 있다.

2 〈보기〉에 나타난 설명으로 가장 옳은 것은?

> **보기**
>
> 　예술 작품을 현실의 모방이나 재현으로 보며 감상의 대상으로 간주하는 기존의 관점과 달리 독일의 철학자 하이데거는 예술 작품 자체를 진리가 드러나는 통로로 보았다. 하이데거는 이를 설명하기 위해 이 세상에 존재하는 모든 것을 존재자로, 그러한 존재자를 존재자답게 만드는 것을 존재로 규정하고, 예술 작품의 진리는 존재자의 존재가 드러나는 과정을 통해 드러난다고 보았다. 특히 하이데거는 존재자 중 인간이 실용적 목적을 가지고 만든 것을 '도구'로 규정했는데, 예술 작품은 단순히 도구를 정확히 모사해서 재현하는 것에 그치는 것이 아니라, 도구의 본질이라 할 수 있는 존재를 드러내는 것이라고 보았다. 즉, 예술 작품은 도구의 존재를 드러냄에 따라 존재자의 비은폐성을 이끌어 내어, 존재자의 본질을 열어 보여 주는 것이다.

① 예술과 모방의 차이점을 구체적인 예시를 들어 밝히고 있다.

② 학자의 견해를 바탕으로 예술 작품의 기능에 대해 설명하고 있다.

③ 용어의 의미 변화 과정을 밝히며 주장의 정당성을 강화하고 있다.

④ 예술 작품에 대한 여러 관점을 종합하여 작품 감상법을 소개하고 있다.

PART 1

해커스공무원 국어 비문학 독해 333 Vol. 1

3 다음 글의 전개 방식에 대한 설명으로 적절한 것은?

> 　바닷가에서 파도를 보고 있으면 바닷물이 우리를 향해 끊임없이 밀려오는 것처럼 보인다. 하지만 파도를 물 입자의 운동으로 보면, 바닷물 자체는 이동하지 않으며 그 힘만 전달한다. 물 입자는 단지 원운동을 하고 있을 뿐이다. 파도는 바로 이 원운동 때문에 일어나는 것이다. 그래서 파고는 원의 지름에 해당한다. 물 입자의 원운동은 깊이 내려갈수록 작아져서 파장의 절반 이하에 해당하는 깊이에 이르면 거의 무시할 정도가 된다. 그리고 파도가 해안에 가까워지면 흰 거품을 일으키며 부서진다. 파도가 부서지는 이유는 수심이 얕아지면 물 입자가 해저면의 영향을 받아 타원형으로 찌그러지고, 그 타원형의 움직임이 더욱 찌그러지면 원운동은 사라지기 때문이다. 물 입자의 원운동이 찌그러지기 시작하는 것은 수심이 파장의 절반보다 얕을 때부터 일어난다.

① 실험의 결과를 바탕으로 핵심 개념을 정의하고 있다.

② 동일한 상황에 다른 결과가 나타나는 이유를 대조를 통해 밝히고 있다.

③ 일상적으로 접할 수 있는 현상 이면에 숨겨진 과학 원리를 밝히고 있다.

④ 대상을 구성하고 있는 요소로 나누어 설명하여 독자의 이해를 돕고 있다.

정답 및 해설 12p

PART 2
글의 내용을
추론해야 하는 문제

기출로 배우는 유형별 전략

유형 1 │ 내용 추론

최근 출제경향

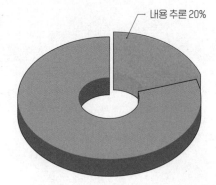

국가직 │ 지방직 │ 서울시 9·7급 비문학 독해

'내용 추론'은 제시문에 나타난 정보를 바탕으로 새로운 정보, 생략된 내용, 숨겨진 주제 등을 추론할 수 있는지 묻는 유형이다. 주로 이 유형은 글에 없는 정보를 추리하는 문제, 빈칸에 들어갈 단어나 문장을 고르는 문제, 이어질 내용을 묻는 문제 등으로 출제된다. '내용 추론'의 출제 비중은 약 20%로, '세부 내용 파악' 다음으로 최근 공무원 국어 시험에서 많이 출제되고 있는 비문학 독해 유형이다.

대표질문 유형

- 다음 글에서 추론한 바로 적절하지 않은 것은?
- ㉠ ~ ㉣에 들어갈 말로 가장 적절한 것은?
- <보기>에 이어질 내용으로 가장 적절한 것은?
- 다음 글을 읽은 후의 반응으로 가장 적절한 것은?
- 다음 글을 읽고 ㉠과 ㉡의 특징을 가장 잘 대조한 것은?
- <보기>의 밑줄 친 어휘들 가운데 문맥적 의미가 다른 하나는?

유형에 강해지는 전략

1단계 중심 화제를 바탕으로 필자의 주장이나 핵심 내용을 파악한다.

2단계 글에 나타난 정보나 내용의 흐름에 근거하여 선택지의 정보가 적절한지 판단한다.
- 상식이 아닌 글에 나타나 있는 내용을 근거로 추론해야 한다.
- 새로운 내용을 추론할 때는 글의 정보를 종합해야 하는 경우가 많다.

3단계 빈칸에 들어갈 내용을 추론할 경우 빈칸의 앞뒤 내용을 근거로 빈칸의 내용을 추리해야 한다.

대표유형분석

다음 글을 읽은 후의 반응으로 가장 적절한 것은?   2018년 지방직 7급

> 역사 드라마는 역사적 인물이나 사건 혹은 역사적 시간이나 공간에 대한 작
> 중심 화제
> 가의 단일한 재해석 또는 상상이 아니라 현재를 살아가는 시청자에 의해 능
> 오답 선택지 ③, ④의 근거: 시청자는 역사 드라마를 능동적으로 해석하고 다중적으로 수용함
> 동적으로 해석되고 상상됨으로써 다중적으로 수용된다는 점에서 과거와 현
> 재의 대화라는 역사의 속성을 견지한다. 이는 곧 과거의 시공간을 배경으로
> 한 텔레비전 역사 드라마가 현재를 지향하고 있음을 의미한다. 그래서 역사
> 적 시간과 공간적 배경 속에 놓여 있는 등장인물과 지금 현재를 살아가는 시
> 청자들이 대화를 나누기도 하고, 시청자들이 역사 드라마를 주제로 삼아 사
> 회적 담론의 장을 열기도 한다.
> 정답 ②의 근거: 시청자들이 역사 드라마를 주제로 사회적 담론을 만들어 냄

발문 파악
제시문의 중심 화제를 바탕으로 핵심 내용을 파악한 후 이를 통해 적절한 반응을 추론해야 함

전반부의 핵심 내용
역사 드라마는 역사적 소재가 시청자에 의해 능동적으로 수용된다는 점에서 '과거와 현재의 대화'라는 역사의 속성을 지님

후반부의 핵심 내용
역사 드라마가 현재를 지향하고 있기 때문에 등장인물과 시청자들이 시공간을 넘어 대화를 나누기도 하고 시청자가 역사 드라마를 주제로 사회적 담론을 펼치기도 함

① 현재와 밀접하게 관련되는 소재로만 역사 드라마를 만들어야겠군. → 제시문에 드러나지 않는 내용

☑ 역사 드라마를 통해 시청자들이 사회적 화젯거리를 만들 수 있겠군.

③ 작가가 강조하는 역사적 교훈을 배우기 위해 역사 드라마를 시청해야겠군.

④ 부정적인 평가를 받는 인물은 역사 드라마에서 항상 악인으로만 그려지겠군.

최근 출제경향

적용하기 4%

국가직 | 지방직 | 서울시 9·7급 비문학 독해

'적용하기'는 제시문에서 파악한 내용이나 주제를 다른 글이나 대상에 적용할 수 있는지를 묻는 유형이다. 공무원 국어 시험에서는 출제 비중이 4%로 낮지만 출제될 경우 난도가 높게 출제되므로 고득점을 받기 위해서는 평상시에 학습하여 대비해야 한다. 제시문의 내용을 적용할 수 있는 예시를 찾는 문제, 제시문을 이해하고 유사한 내용을 찾는 문제 등이 이 유형에 속한다.

대표질문 유형

· ㉠ ~ ㉣의 예를 추가할 때 가장 적절한 것은?

· 다음 글을 뒷받침하는 예로 적절하지 않은 것은?

· 밑줄 친 부분의 예로 가장 적절한 것은?

· 다음 중 <보기>의 글을 가장 잘 이해한 사람은?

· 다음 글의 내용과 가장 가까운 것은?

유형에 강해지는 전략

1단계 질문에서 묻는 바를 정확하게 파악한다.

2단계 질문과 관련된 글의 내용을 정리한다.

3단계 정리한 내용을 바탕으로 유사한 내용이 담긴 선택지를 고른다.

대표유형분석

㉠ ~ ㉣의 예를 추가할 때 가장 적절한 것은?

2018년 국가직 9급

논리학에서 비형식적 오류 유형에는 우연의 오류, 애매어의 오류, 결합의 오류, 분해의 오류 등이 있다.

㉠우연의 오류란 거의 대부분의 경우에 적용되는 일반적인 원리나 규칙을 우연적인 상황으로 인해 생긴 예외적인 특수한 경우에까지도 무차별적으로 적용할 때 생기는 오류이다. 그 예로 "인간은 이성적인 동물이다. 중증 정신 질환자는 인간이다. 그러므로 중증 정신 질환자는 이성적인 동물이다."를 들 수 있다. ㉡애매어의 오류는 동일한 한 단어가 한 논증에서 맥락마다 서로 다른 의미를 지니는 것으로 사용될 때 생기는 오류를 말한다. "김 씨는 성격이 직선적이다. 직선적인 모든 것들은 길이를 지닌다. 고로 김 씨의 성격은 길이를 지닌다."가 그 예이다. 한편 각각의 원소들이 개별적으로 어떤 성질을 지니고 있다는 내용의 전제로부터 그 원소들을 결합한 집합 전체도 역시 그 성질을 지니고 있다는 결론을 도출하는 경우가 ㉢결합의 오류이고, 반대로 집합이 어떤 성질을 지니고 있다는 내용의 전제로부터 그 집합의 각각의 원소들 역시 개별적으로 그 성질을 지니고 있다는 결론을 도출하는 경우가 ㉣분해의 오류이다. 전자의 예로는 "그 연극단 단원들 하나하나가 다 훌륭하다. 고로 그 연극단은 훌륭하다."를, 후자의 예로는 "그 연극단은 일류급이다. 박 씨는 그 연극단 일원이다. 그러므로 박 씨는 일류급이다."를 들 수 있다.

① ㉠ - 모든 사람은 죽는다. 소크라테스는 사람이다. 그러므로 소크라테스는 죽는다.

② ㉡ - 부패하기 쉬운 것들은 냉동 보관해야 한다. 세상은 부패하기 쉽다. 고로 세상은 냉동 보관해야 한다.

③ ㉢ - 미국 아이스하키 선수단이 이번 올림픽에서 금메달을 차지했다. 그러므로 미국 선수 각자는 세계 최고 기량을 갖고 있다.

④ ㉣ - 그 학생의 논술 시험 답안은 탁월하다. 그의 답안에 있는 문장 하나하나가 탁월하기 때문이다.

발문 파악
㉠~㉣의 개념을 각각 파악한 후 적절한 예시를 제시한 선택지를 찾아야 함

제시문의 내용 정리
비형식적 오류 유형에 해당하는 ㉠~㉣의 개념을 설명하고 각 유형의 예시를 보여 줌

선택지의 내용
① 연역 논증의 삼단 논법에 해당하는 사례
② ㉡ '애매어의 오류'의 사례
③ ㉣ '분해의 오류'의 사례
④ ㉢ '결합의 오류'의 사례

1 다음 글을 읽은 후의 반응으로 적절한 것은?

> 베블런은 자신의 책 『유한계급이론』을 통해 개별 소비자의 소비 형태는 독립적으로 이루어지지 않고 다른 소비자의 영향을 받는다고 주장했다. 그는 '나는 보통 사람들과 신분이 다르다'는 점을 과시하는 부유층이나 이를 모방하려는 계층이 과시적 소비를 한다고 말했다. 과시적 소비가 일어나면 저렴한 상품 대신 고가의 상품에 대한 수요가 증가해 가격이 오르는데도 수요가 줄어들지 않고 오히려 증가하는 현상이 일어난다. 이렇게 과시적 소비로 인해 가격이 올라도 수요가 늘어나는 현상을 '베블런 효과'라고 한다. 그리고 이러한 과시적 소비의 대상이 되는 상품을 '베블런 재(財)'라고 한다.
>
> 라이벤스타인은 이와 같은 현상을 보다 깊이 있게 다루어 '밴드왜건 효과'와 '스놉 효과'를 발표하였다. 과시적 소비는 일부 상류층과 신흥 부유층을 중심으로 일어나는 것이 보통이지만 주위 사람들이 이를 흉내 내면서 사회 전체로 퍼져 나가는 현상을 밴드왜건 효과라고 이름 붙인 것이다. 밴드왜건은 행진할 때 대열의 선두에서 행렬을 이끄는 악대차를 의미하는데 악단이 지나가면 사람들이 영문도 모르고 무작정 뒤따르면서 군중들이 더욱더 불어나는 것에 비유한 것으로 밴드왜건 효과는 '모방 효과'라고도 부른다.
>
> 그런데 모방 효과가 널리 퍼져 더 이상 과시적 소비가 차별 효용을 상실하게 될 때 일부 사람들은 평범한 사람들이 접근할 수 있는 상품 대신 더욱 진귀한 물건을 찾는다. 이로 인해 기존 상품의 수요가 줄어들게 되는데 이를 '스놉 효과'라고 한다. 즉 모방 효과와는 반대로 특정 제품에 대한 소비가 증가하게 되면 그 제품의 수요가 줄어들고 새로운 상품의 수요로 옮겨 가는 현상이다. 보통 가격이 비싸서 쉽게 구매하기 어려운 고가의 명품 등이 이에 해당되는데, 명품이라 알려진 제품이 대대적인 판촉 행사를 한 후 단골 고객이 줄어드는 현상으로 설명할 수 있다. 이는 '남보다 돋보여야 한다'는 속물근성에 기반을 두고 있어 '속물 효과'라고도 부른다.

① 밴드왜건 효과와 스놉 효과는 모두 인간의 속물근성에 기반하는구나.

② 베블런 효과는 가격이 오르면 수요는 떨어지는 원리로 설명할 수 있구나.

③ 라이벤스타인은 자신의 이론을 통해 주체적으로 소비하는 자세를 강조했구나.

④ 부유층의 영향을 받아, 베블런 재를 구매하는 사람들로 인해 밴드왜건 효과가 발생하는구나.

2 다음 글을 읽고 추론한 내용으로 가장 적절하지 않은 것은?

> 어떤 단어의 정확한 의미를 알 수 없을 때에 사람들은 국어사전을 찾아서 의미를 확인한다. 하지만 국어
> 사전에는 단어의 풀이 외에도 많은 정보가 담겨 있다. 먼저 표제어의 모양을 살펴보자.
> 표제어에는 '−' 기호가 아닌 '^' 기호가 붙은 경우도 있고 아예 중간을 띄어 놓은 경우도 있다. 먼저 '^'
> 기호는 한글 맞춤법의 '붙여 쓸 수도 있고 띄어 쓸 수도 있다.'라는 규정을 보여 준다. 즉 '두음^법칙'은 '두
> 음 법칙'과 같이 띄어 쓰는 것이 원칙이지만 '두음법칙'과 같이 붙여 쓸 수도 있다. 하지만 '스승의 날'처럼
> 중간에 아무 표시 없이 띄어 있는 단어는 항상 띄어 써야 한다.
> 단어를 정확하게 쓰려면 단어의 뜻만이 아니라 그 단어가 어떤 맥락이나 상황에서 어떠한 말과 결합하
> 여 사용되는지도 알아야 한다. '표준국어대사전'에서는 이를 '문법 정보'라고 하여 '(( ))'와 같은 괄호 안에
> 제시해 주고 있다.

① 국어사전을 통해 단어의 띄어쓰기 여부까지 확인할 수 있다.

② 단어의 뜻풀이만으로는 생각을 정확하게 표현하기 어려울 수도 있다.

③ 표제어에는 기호가 늘 사용되므로 기호의 뜻을 잘 알아 두어야 한다.

④ 국어사전에서 단어의 뜻풀이나 문법 정보등 다양한 정보를 확인할 수 있다.

3 다음 글에서 추론한 바로 적절하지 않은 것은?

> 《한글 맞춤법》에는 "문장의 각 단어는 띄어 씀을 원칙으로 한다."라고 띄어쓰기 원칙이 명시되어 있다.
> 이 원칙은 대단히 명쾌해 보여서 '단어'가 무엇인지 알기만 하면 띄어쓰기 문제는 모두 해결할 수 있을 것처
> 럼 보인다. 그러나 실제 띄어쓰기 문제는 이렇게 명쾌하지 않다. 기준으로 제시한 단어의 성격이 분명하지
> 않기 때문이다. 흔히 조사는 단어로 다루어진다. 그렇지만 조사를 띄어 쓰는 일은 없다. 《한글 맞춤법》 제
> 41 항에서 '조사는 앞말에 붙여 쓴다'는 별도의 조항을 마련한 것도 이 때문이다. 〈중 략〉
> 보조 용언의 경우 띄어 쓰는 것을 원칙으로 삼고 붙이는 것을 허용한 것은 보조 용언 구성이 합성어와 구
> 의 중간적인 특징을 가지고 있기 때문이다. 예를 들어 '죽어 간다'는 '죽다'에는 의미 변화가 없고 '간다'에
> 만 의미의 변화가 있다. 이는 구성 요소만으로는 예측할 수 없는 새로운 의미가 생기는 합성어와는 다른 점
> 이다. 그렇지만 중간에 '−서'와 같은 다른 요소가 끼어들지 못하는 점은 합성어와 동일하다. 이처럼 합성어
> 와 구의 특성을 모두 가지고 있다는 점에서 띄어 쓰는 것을 원칙으로 하되 붙여 쓰는 것도 허용한 것이다.

① '죽어서 간다'는 보조 용언 구성으로 볼 수 없다.

② 보조 용언은 예측할 수 없는 새로운 의미가 생기지 않는다.

③ '단어'만을 기준으로 띄어쓰기를 설명하는 것에는 한계가 있다.

④ '찢어 버리다'에서 '버리다'의 의미만 변화했다면 붙여 써야 한다.

정답 및 해설 14p

PART 2

해커스공무원 국어 비문학 독해 333 Vol. 1

맞은 개수   / 3문제

1 다음 글을 바탕으로 추론한 생각 중 가장 적절한 것은?

> 공예를 예술로 볼 수 있을까? 공예품은 미적 대상일까? 18세기 후반에 발달한 근대 예술철학은 아름다움을, 외적인 목적 없이 대상에 내재해 있는 의미라고 보았다. 이러한 시각은 예술과 비예술, 특히 순수미술과 공예를 구분하여 공예를 예술로 볼 수 없게 만들었으며, 기능과 미를 대립적으로 바라보는 잣대가 되어 지금까지 이어지고 있다.
>
> 순수미술은 대상이 주는 시각적 이미지를 통해 작가와 관람자 사이에 이루어지는 미적인 의사소통이다. 이는 작가가 대상에 담은 의미를 관람자가 관람을 통해 재구성해 내는 행위로 실현된다. 이때 작가가 대상에 담은 의미는 대상의 외적 목적과는 관련이 없는 것이다. 이에 비해 공예는 생활의 필요를 충족시키고자 하는 외적 목적을 지닌 것으로, 실용적 기능을 수행할 수 있는 사물을 만드는 것이다. 그렇다면 공예품이 가진 기능이라는 목적 때문에 공예가는 미적 의도를 드러낼 수 없는 것일까? 공예품은 관람자에게 미적 경험을 불러일으킬 수 없는 것일까?
>
> 전통적인 도제, 길드 제도 하의 '공방 공예'는 공방의 이름이 공예가의 이름보다 앞서 있었다. 공예가들은 공방의 이름과 스타일 아래 종속되어 기능을 중심으로 하는 제품을 만들 수 있었을 뿐 자신만의 창조적인 개성을 펼칠 수가 없었다. 그런데 현대 공예의 한 흐름인 '스튜디오 공예'는 공예의 개념에 중요한 변화를 가져왔다. 스튜디오 공예는 공예품으로부터 기능과의 직접적인 연관성을 제거하여, 기능을 부차적인 혹은 임의적인 속성으로 변화시켰다.
>
> 스튜디오 공예는 공예품이 실제 기능해야 한다는 입장에서, 기능을 완전히 배제하지는 않지만 실제 기능할 필요는 없다는 입장으로의 변화를 보여주고 있다. 이는 공예품에 있어 미적 표현을 위한 새로운 가능성을 제시하고, 공예가에게도 작품 속에 자신의 미적 의도를 담을 수 있음을 뜻하는 매우 극적인 변화였다. 하지만 스튜디오 공예가 의미하는 바를 단순히 공예와 순수미술 사이에 차이가 없다는 것으로 이해해서는 안 된다. 다만 공예를 대하는 생각의 틀이 그 미적 가능성을 완전히 무시하거나 제한하는 편견에 갇혀있는 것을 경계해야 한다는 것이다.

① 순수미술의 관점에서 공예품은 관람자와 미적 의사소통을 이루지 못한다.

② 공방의 공예가들은 공방의 이름 아래에서 자신의 미적 의도를 드러낼 수 있었다.

③ 근대 예술철학은 관람자의 미적 경험을 통해 작품의 외적 목적을 달성하고자 했다.

④ 현대 공예는 작품의 실용적인 기능과 미적 의도가 모두 담긴 것을 공예로 인정했다.

2 문맥상 ㉠과 ㉡에 들어갈 말로 가장 적절한 것은?

> 　우리 인체는 　㉠　 사회에 가깝다. 이것을 유지하는 방어 체계가 면역계이다. 면역계는 제 식구는 감싸지만 외부에서 들어오는 항원은 공격하여 무력화시킨다. 왜냐하면 이런 이방인을 방치하면 우리 몸의 정교한 시스템이 붕괴되기 때문이다. 즉, 면역계의 핵심은 '나'와 '남'을 구별하여 '남'을 만나면 없애거나 '남'의 인상착의를 기억해 두었다가 훗날 다시 만나면 없앨 수 있도록 대비하는 것이다. 그런데 처음 만난 자가 너무 강하면 방어할 시간이 없어 한방의 공격으로 무너질 수도 있다. 이를 방지하기 위해서는 인위적으로 약한 이방인을 만들어 몸의 방어 능력을 높이는 것이 필요하다. 이것이 예방 백신이다. 우리가 독감 예방 주사를 맞는 것이 이에 해당한다.
>
> 　그러면 몸속 구성원에 이상이 생기면 어떻게 될까? 몸속 구성원에 문제가 생기면, 면역계는 이를 바이러스로 인식하지 못하기 때문에 속수무책이 된다. 실례로 알츠하이머병은 '아밀로이드-β'라는 단백질이 뇌혈관에 쌓여 생기는 병인데, 면역계가 몸속 구성원인 '아밀로이드-β' 단백질을 바이러스로 　㉡　 병이 생기는 것이다.

	㉠	㉡
①	개방적인	인식해
②	폐쇄적인	인식해
③	개방적인	인식하지 못해
④	폐쇄적인	인식하지 못해

3 다음 글을 읽은 후의 반응으로 가장 적절한 것은?

> 　본래 정착 농경민이었던 한국인은 기침으로 백 마디 말을 할 줄 안다. 농경사회에서는 작업을 수행하는 구성원 간에 별 다른 말이 없어도 안정적인 생활을 영위할 수 있었다. 반면에 정착보다는 이동이, 안정보다는 전쟁이 많았던 유럽에서는 이러한 생활환경 때문에 정확한 의사 교환이 중시되었다. 이처럼 변화가 심하고 위급한 상황이 잦은 사회에서는 통찰에 의한 의사소통이 발달하기 어려웠다.
>
> 　근대화 과정에서 우리 사회가 서구화되면서 서구식의 정확한 의사소통이 점점 더 요구되고 있다. 전통 사회에서 널리 통용되던 통찰의 언어는 때때로 실수나 오해를 빚기도 한다. 그러나 통찰의 언어는 상호 간의 조화를 이루는 데에 매우 효과적인 의사소통 수단이다. 상대를 배려하는 마음으로 말하고 행동함으로써 친밀한 인간관계를 형성할 수 있게 하기 때문이다. 그러므로 우리는 일상의 언어생활에서 통찰의 의사소통 문화를 살려 나갈 필요가 있다.

① 변화가 심한 사회에서는 통찰의 언어가 강조되었겠군.

② 의사소통 문화는 역사적 배경의 영향을 받으며 발달하는군.

③ 통찰의 언어는 행동을 중심으로 의사소통할 때 효과적이겠군.

④ 서구식 의사소통은 자신의 생각을 완곡하게 표현하는 방식이군.

정답 및 해설 14p

맞은 개수   / 3문제

1 밑줄 친 어휘들 가운데 문맥적 의미가 다른 하나는?

'인문적'이라는 말은 '인간다운(humane)'이라는 뜻으로 해석할 수 있는데, 유교 문화는 이런 관점에서 인문적이다. 유교의 핵심적 본질은 '인간다운' 삶의 탐구이며, 인간을 인간답게 만드는 덕목을 제시하는 데 있다. '인간다운 것'은 인간을 다른 모든 동물과 차별할 수 있는, 그래서 오직 인간에게서만 발견할 수 있는 이상적 본질과 속성을 말한다. 이러한 의도와 노력은 서양에서도 있었다. 그러나 그 본질과 속성을 규정하는 동서의 관점은 다르다. 그 속성은 그리스적 서양에서는 '이성(理性)'으로, 유교적 동양에서는 '인(仁)'으로 각기 달리 규정된다. 이성이 지적 속성인데 비해서 인은 도덕적 속성이다. 인은 인간으로서 가장 중요한 덕목이며 근본적 가치이다.

'인(仁)'이라는 말은 다양하게 정의되며, 그런 정의에 대한 여러 논의가 있을 수 있기는 하다. 하지만 '인(仁)'의 핵심적 의미는 어쩌면 놀랄 만큼 단순하고 명료하다. 그것은 '사람다운 심성'을 가리키고, 사람다운 심성이란 '남을 측은히 여기고 그의 인격을 존중하여 자신의 욕망과 충동을 자연스럽게 억제하는 착한 마음씨'이다. 이때 '남'은 인간만이 아닌 자연의 모든 생명체로 확대된다. 그러므로 '인'이라는 심성은 곧 "낚시질은 하되 그물질은 안 하고, 주살을 쏘되 잠든 새는 잡지 않는다.(釣而不網, 戈不射宿)"에서 그 분명한 예를 찾을 수 있다.

유교 문화가 이런 뜻에서 '인문적'이라는 것은 유교 문화가 가치관의 측면에서 외형적이고 물질적이기에 앞서 내면적이고 정신적이며, 태도의 시각에서 자연 정복적이 아니라 자연 친화적이며, 윤리인 시각에서 인간 중심적이 아니라 생태 중심적임을 말해준다.

① 인간다운 것   ② 인(仁)

③ 사람다운 심성   ④ 인간 중심적

2 다음 글에 이어질 내용으로 가장 적절한 것은?

> 우리들은 서양 것은 덮어놓고 과학적이려니 짐작하는 경우가 많다. 그 대표적인 것이 역법에 관한 것이다. 역법이란 해와 달의 변화 속에서 어떤 계기를 잡아 인간의 생활을 다시 시작한다는 뜻에서 어느 시각을 잡아 새해의 시작으로 정하는 것이다. 그렇다면 당연히 해나 달이 어떤 특수한 시작점에 있을 때를 잡아 새해의 시작이라 해야 할 것은 분명하다. 그런 뜻에서 양력 1월 1일은 새해의 시작으로는 낙제점이라 할 수밖에 없다. 음력은 이와 정반대다. 서양의 양력이 서양 사람들의 문화적인 때가 묻어 있는 것과 달리 동양의 음력에는 나름의 과학성이 있다. 7월의 'July'와 8월의 'August'는 원래 로마의 황제였던 율리우스(Julius Caesar)와 아우구스투스(Augustus)의 생일이 그 달에 들어 있음을 기념하여 붙인 이름이다. 그리고 8월의 날수도 원래는 30일이었으나, 황제의 생일을 이왕 기념하는 바에 더 길게 하기 위하여 연말에서 하루 더 가져다가 31일로 만든 것이다.

① 음력에 반영된 동양의 문화
② 동양 역법의 과학성과 체계성
③ 음력 대신 양력이 통용되게 된 계기
④ 달 이름에 황제의 이름이 붙은 이유

3 다음 글을 읽고 ㉠과 ㉡의 특징을 가장 잘 대조한 것은?

> 고갈되지 않고 기후 변화도 일으키지 않으며 안전한 에너지 자원을 찾아야 하는데, 그것이 바로 태양열이나 바람과 같은 재생 가능 에너지원이다. ㉠재생 가능 에너지는 ㉡대체 에너지와 다르다. 어떤 에너지원을 대신하는 것으로 우라늄을 이용한다면, 우라늄이 대체 에너지원이 된다. 또 석유 대신 쓰레기를 태워서 에너지를 얻는다면 쓰레기가 대체 에너지원이 된다. 미국에서 북한에 원자력 발전소가 완공될 때까지 공급하겠다고 약속했던 증유도 우라늄을 대신한다는 의미에서는 대체 에너지원이라고 부른다. 그런데 우라늄이나 쓰레기는 쓰면 없어져 버리기 때문에 재생 가능한 것이 아니다.
>
> 이것들과 달리 재생 가능 에너지원은 사용해도 없어지지 않고 다시 생겨난다. 태양열은 태양이 존재하는 한 사라지지 않는다. 풍력도 지구상에서 바람이 부는 동안은 끊임없이 생겨난다. 이렇게 한 번 쓰면 없어지는 것이 아니라 언제까지든지 계속 쓸 수 있는 것을 '재생 가능 에너지원'이라고 한다. 재생 가능 에너지원은 고갈되지도 않지만 기후 변화도 일으키지 않는다.

	㉠	㉡
①	무한성	유한성
②	개방성	폐쇄성
③	가변성	불변성
④	일시성	영구성

정답 및 해설 15p

맞은 개수 　/ 3문제

1　다음 글에서 추론한 내용으로 적절하지 않은 것은?

영국의 경제학자 기펜(R. Giffen)은 아일랜드 사람들의 소비 패턴을 조사하는 과정에서 매우 이상한 현상을 발견했다. 그의 관찰 결과에 따르면, 감자의 가격이 떨어짐에 따라 그것에 대한 수요량이 늘어나야 할 텐데, 오히려 줄어드는 반응이 나타났다. 다시 말해 그 당시 아일랜드 사람들이 주식으로 삼던 감자의 경우에는 수요의 법칙이 성립하지 않는다는 사실이 드러난 것이다.

사람들은 이 역설적인 현상을 기펜의 역설(Giffen's paradox)이라고 불렀는데, 이런 현상이 나타나는 이유는 과연 무엇이었을까? 우선 당시의 아일랜드 사람들에게 감자가 어떤 의미를 갖고 있었는지에 주목할 필요가 있다. 중요한 점은 그들이 무척 가난했기 때문에 빵 대신 감자를 주식으로 삼고 있었다는 사실이다. 감자를 특히 좋아해서가 아니라, 경제적 여유가 없어 할 수 없이 감자를 주식으로 삼을 수밖에 없었다는 말이다. 이는 감자가 열등재의 성격을 갖는다는 것을 뜻한다.

이런 상황에서 감자 가격이 내려간다고 해 보자. 그렇게 되면 가난한 살림살이에 약간의 여유가 생기게 되고, 이에 따라 평소 먹고 싶던 빵을 조금이나마 사먹을 수 있게 된다. 빵으로 배를 불린 사람들은 이제 감자를 예전만큼 많이 먹지 않아도 된다. 많은 사람들이 이런 방식으로 소비 패턴을 변화시키면, 감자 가격이 내려감에 따라 그 수요량이 줄어드는 것을 관찰할 수 있게 된다.

엥겔(C. Engel)이 지적했듯, 가난한 사람일수록 식료품에 대한 지출의 비중이 더 큰 법이다. 당시의 아일랜드 사람은 매우 가난했기 때문에 거의 감자로 살다시피 했을 것이고, 따라서 소득의 대부분을 감자 사는 데 썼을 것이다. 그렇기 때문에 감자 가격 하락에서 오는 소득 효과가 특히 컸을 것이라고 짐작할 수 있다. 이렇게 소득 효과가 아주 큰 경우에만 수요의 법칙에 위배되는 반응을 관찰할 수 있게 된다.

① 감자의 가격이 하락한 이유는 '빵'의 수요량이 늘어났기 때문이다.

② 수요의 법칙에 따르면 가격과 수요량 사이에는 반비례 관계가 성립한다.

③ 감자가 열등재의 성격을 지니게 된 것은 소비자의 선호도와 관련이 있다.

④ 경제적으로 여유가 있는 사람은 가난한 사람보다 식료품에 대한 지출 비중이 적을 것이다.

⊙ ~ ⊙ 중 문맥적 의미가 비슷한 것끼리 묶은 것은?

간디는 절대로 몽상가는 아니다. 그가 말한 것은 폭력을 통해서는 인도의 해방도, 보편적인 인간 해방도 없다는 것이었다. 민족 해방은 단지 외국 지배자의 퇴각을 의미하는 것일 수는 없다. ⊙참다운 해방은 지배와 착취와 억압의 구조를 타파하고 그 구조에 길들여져 온 심리적 습관과 욕망을 뿌리로부터 변화시키는 일 – 다시 말하여 일체의 ⓛ'칼의 교의(教義)'로부터의 초월을 실현하는 것이다.

간디의 관점에서 볼 때, 무엇보다 큰 폭력은 인간의 근원적인 ⓒ영혼의 요구에 대해서는 조금도 고려하지 않고, 물질적 이득의 끊임없는 확대를 위해 착취와 억압의 구도를 제도화한 서양의 산업 문명이었다.

근대 산업 문명은 사람들의 정신을 병들게 하고, 끊임없이 이기심을 자극하며, 금전과 물질의 노예로 타락시킬 뿐만 아니라 내면적인 평화와 명상의 생활을 불가능하게 만든다. 그로 인하여 유럽의 노동 계급과 빈민에게 사회는 지옥이 되고, 비서구지역의 수많은 민중은 제국주의의 침탈 밑에서 허덕이게 되었다. 여기에서, 간디 사상에서 ⓔ물레가 가지는 상징적 의미가 드러난다. 간디는 모든 인도 사람들이 매일 한두 시간만이라도 물레질을 할 것을 권유하였다. 물레질의 가치는 경제적 필요 이상의 것이라고 생각한 것이다.

물레는 무엇보다 인간의 노력에 도움을 주면서 결코 인간을 소외시키지 않는 인간적 규모의 기계의 전형이다. 간디는 기계 자체에 대해 반대한 적은 없지만, ⓜ거대 기계에는 필연적으로 복잡하고 위계적인 사회 조직, 지배와 피지배의 구조, 도시화, 낭비적 소비가 수반된다는 것을 주목했다.

① ⊙, ⓛ, ⓒ / ⓔ, ⓜ
② ⊙, ⓛ, ⓜ / ⓒ, ⓔ
③ ⊙, ⓒ, ⓔ / ⓛ, ⓜ
④ ⊙, ⓛ, ⓒ, ⓔ / ⓜ

3 밑줄 친 질문에 대한 대답으로 적절한 것은?

> 오스카 와일드의 대표적 동화인 「행복한 왕자」가 출간되었을 때, 당시 평단(評壇)은 그를 안데르센에 견주어 평가하였다. 이같은 주목을 받았던 「행복한 왕자」의 내용에 대해 간단하게 알아보자. 어느 도시에 많은 보석으로 치장되고, 금으로 만들어진 왕자의 동상이 있었다. 그래서 사람들은 그 동상을 '행복한 왕자'라고 불렀다. 우연히 동상에서 쉬려던 제비는 왕자의 부탁으로 동상에 붙어 있는 보석들을 가난한 이들에게 나누어 준다. 결국 제비는 왕자의 심부름을 하다가 남쪽으로 날아가지 못하고 왕자의 발밑에서 죽고 만다. 이렇게 보면 「행복한 왕자」는 남을 위해 희생하는 이타주의의 도덕적 교훈을 담고 있는 동화다. 하지만 행복한 왕자의 이야기는 이런 내용만 담고 있을까? <u>이 작품의 주인공은 과연 행복한 왕자일까?</u>
>
> 부유한 세계와 가난한 세계 사이에 존재하는 완벽한 단절은 갈등조차 유발하지 않는다. 두 세계 사이에 있는 것은 서로에 대한 무관심이다. 그것은 무거운 침묵의 이미지로 이야기 전체를 억누르고 있다. 적어도 쾌활하고 진솔한 성격의 제비가 나타나기 전까지는 말이다. 제비의 등장은 이런 이미지를 순식간에 바꾸어 놓는다. 단절의 고통을 느끼면서도 발이 동상 받침대에 단단히 붙어 어찌할 수 없는 '불행한 왕자'와 세상과 단절된 채 살고 있는 가난한 사람들 사이를 기꺼이 연결한다. 제비는 겨울을 맞아 얼어 죽을 때까지 이 암울한 상황에 '소통의 다리'를 놓음으로써 두 세계의 불행을 행복으로 바꾸어 놓는다. 그래서 불행한 왕자도 '행복한 왕자'가 되었고 사람들도 행복해졌다.

① 힘든 상황에도 희망을 가지고 열심히 살아가는 '가난한 사람들'이 주인공이다.

② 가난한 이들을 위해 자신이 가진 것을 기꺼이 내려놓은 '행복한 왕자'가 주인공이다.

③ 단절된 두 세계를 소통하게 만들어 불행을 행복으로 바꾸어 준 '제비'가 주인공이다.

④ 절망적인 상황에서도 자신보다 다른 사람들을 먼저 생각하는 '불행한 왕자'가 주인공이다.

정답 및 해설 16p

1 〈보기〉에 이어질 내용으로 가장 적절한 것은?

> 보기
>
> 　한국어에는 주어나 목적어가 생략되는 경우가 많다. 뿐만 아니라 단수·복수의 구분이나 성(性)의 구분, 과거·현재·미래의 시제 구분도 그리 철저하지 않다. 그런데 이런 애매한 표현에 대하여 한국인들은 별로 불편이나 곤란을 느끼지 않는 것 같다. 대화 현장에서 이런 불투명성을 고도로 발달한 우리의 눈치, 코치가 보완해 주기 때문일까?
>
> 　'시원섭섭하다'라는 말이 그 사람이 떠나서 후련하다는 것인지 아니면 몹시 아쉽다는 표현인지 분명치 않다. 시큼달큼, 들락날락, 붉으락푸르락, 오락가락 등도 비빔밥처럼 표현의 맛을 알아내기가 쉽지 않다.
>
> 　우리말의 '예·아니오'의 답변을 비롯하여 '그래요'라든가 '그렇지 뭐'라는 긍정적 의사 표시도 액면 그대로 받아들이기에는 꺼림칙한 구석이 있다. "집에 갈래?"라는 물음과 "집에 안갈래?"라는 물음이 상황에 따라 동의어일 수 있다.
>
> 　우리말은 좋게 말하여 완곡어법이 발달된 언어라고 할 수 있다. 그러나, 완곡어법이란 본의(本意)를 흐려 놓을 수도 있다는 점에서 좋은 표현법이라 할 수는 없다. 자신의 생각이나 느낌을 분명히 밝히기를 꺼리는, 이러한 언어 표현은 불투명한 표현을 낳을 수도 있다. "예스냐 노우냐" 또는 "살 것인가 죽을 것인가" 하는 결단적인 언어 표현은 서양인의 것이고 우리는 어디까지나 "글쎄요, 생각 좀 해봅시다." 식의 뜨뜻미지근한 반응을 견지할 뿐이다.

① 동양 문화에서 완곡어법이 발달하게 된 역사적 배경

② 의사소통 상황에서 상대방의 의도를 파악하는 통찰력의 중요성

③ 자신의 입장을 분명하게 밝힐 수 있는 명확한 표현법을 사용하는 것의 필요성

④ 완곡어법과 우리나라 전통 문화에 맞는 올바른 언어 예절을 지켜야 하는 이유

2 다음 글에서 추론할 수 있는 플라톤의 생각으로 가장 적절하지 않은 것은?

> 존재와 그 존재의 가치가 일치한다면, 특정한 존재를 판단하는 기준이 있어야 하는데 플라톤은 그것을 '있음'의 '정도'로 보았다. 이때 '있다'에는 '존재한다'라는 측면에서 실재성의 정도와 '가치 있다'라는 측면에서 완전성의 정도를 모두 포함하게 된다. 따라서 어떤 대상이 다른 대상보다 '더 존재한다'는 것은 그것이 상대적으로 더 완전한 대상이라는 것을 의미하며, '덜 존재한다'라는 것은 그 대상이 덜 완전한 대상이라는 것을 의미하는 것이다. 플라톤은 가장 실재하는 것, 가장 완전한 것을 '이데아'라고 규정하는데 이는 현실 세계를 초월한 차원에 존재한다. 반대로 세계에 존재하는 만물인 '현상'은, 이데아에 비해 덜 존재하는 것으로 규정한다.
>
> 플라톤은 현상을 만드는 창조자로 '데미우르고스'를 설정하고, 그 창조자가 외부의 이데아를 본으로 삼아 현상을 만든 것으로 보았는데, 플라톤은 이 과정을 '모방'이라고 한다. 모방을 통해 현상은 이데아의 본질을 나누어 갖게 된다.

① 세계에는 이데아에 비해 덜 완전한 것들만 존재한다.

② 이데아는 가장 존재하는 것이자 가장 가치 있는 존재이다.

③ 다른 대상보다 '덜 존재한다'는 것은 '없음'을 의미하는 것이다.

④ 세계에 존재하는 만물은 가장 완전한 것을 본떠 만들어진 것이다.

3 ㉠ ~ ㉡에 들어갈 말로 적절한 것은?

> 소비를 결정하는 과정에서 다른 사람들이 물건을 사는 것에 영향을 받아 그 물건을 구입하지 않게 되는 것을 속물효과라 한다. 예를 들어 속물효과가 존재하지 않는 상황에서는 B 손목시계 가격이 3백만 원에서 1백만 원으로 하락했을 때 수요량이 1천 개 더 늘어난다고 한다. 그런데 속물효과가 존재하는 경우, B 손목시계의 가격이 1백만 원으로 하락했을 때 수요량의 증가폭이 5백 개에 그쳤다고 하자. 이는 가격 하락으로 인해 수요량이 증가하게 되어 (㉠)이/가 충족되지 못해 그 상품을 사지 않겠다는 사람이 생겨나므로, 결과적으로 수요량의 증가폭이 감소하게 된 것이다. 이러한 속물효과는 상품의 (㉡)이 약화될 때 나타나기 때문에, 판매자들은 높은 (㉡)을 유지하기 위해 가격 할인이나 적극적인 판촉 활동을 자제하게 된다.

	㉠	㉡
①	과소비로 인한 만족감	상품성
②	특별한 존재이고 싶은 욕심	양면성
③	유행에 따르고자 하는 심리	대중성
④	남들과 차별화하고자 하는 심리	희소성

정답 및 해설 16p

내용 추론 ⑥

맞은 개수   / 3문제

1 다음 글에 이어질 내용으로 적절한 것은?

공상 과학 영화 속의 사이보그를 보면, 인간과 똑같이 생겼을 뿐만 아니라 인간이 하듯 스스로 생각하고 행동한다. 그렇다면 그들을 인간이라고 보아도 되는 것인가? 과연 인간을 인간이 아닌 것, 즉 비인간과 구분 지을 수 있는 고유의 인간성이라는 것이 존재하는 것인가?

17세기 데카르트는 동물과 인간의 몸은 유사하지만, 동물과 달리 인간에게는 영혼이 존재하며 생각할 수 있는 능력이 있다고 보았다. 그는 이렇게 정신과 육체를 분리함으로써 동물과 인간을 구분 지을 수 있다고 본 것이다. 이러한 관점에서 인간은 자유롭고 주체적인 의식을 지닌 유일한 존재로서 그 우월적 지위에 대한 확신을 가질 수 있었다. 물론 이러한 관점은 19세기 유물론이나 진화론 등이 대두되면서 흔들리기도 했지만, 실제 삶 속에서 인간이 아닌 존재가 인간의 우월성을 크게 위협할 수 있는 상황이 나타나지는 않았다.

그런데 20세기 이후 고유의 인간성을 인정했던 관점은 과학 기술의 비약적 발전에 따라 근본적인 문제에 직면하게 되었다. 기계 장치의 이식이나 유전자 변이에 의해 강화된 능력을 소유하고 있는 새로운 존재, 소위 '포스트휴먼'이 등장하면서 고유의 인간성에 대한 의문이 제기되기 시작한 것이다. 이미 인공팔과 인공망막 등이 신체에 이식되고 있으며, 앞으로 인공지능의 개발로 생각할 수 있는 컴퓨터가 등장하고, 더 나아가 기계 인간인 사이보그가 등장하리라 예상되고 있다. 이에 따라 인간과 인간이 아닌 것의 경계가 흐릿해지고, 이제 인간은 자신의 영역 안으로 깊숙이 들어오고 있는 포스트휴먼의 존재를 부정하거나 무시할 수 없는 현실을 맞게 된 것이다.

① 인간이 자연을 지배하는 시대가 올 것이다.

② 인간과 비인간을 구분하는 관점에서 벗어나야 할 것이다.

③ 인간의 신체적 한계를 극복한 포스트휴먼에 대해 소개할 것이다.

④ 과학 기술이 빠르게 발전하더라도 인간의 우월성을 위협하지 못할 것이다.

2 다음 글에 대한 추론으로 적절하지 않은 것은?

> 사진은 회화처럼 화가가 붓을 들고 종이를 메워 나가거나, 조각처럼 정과 망치를 들고 돌을 깎아 새로운 작품을 만들어 내지 않는다. 카메라를 포함한 기계적 장치와 사진가의 선택을 통해 이미지를 만들어 낸다. 그러나 이 찰나의 순간에 기록된 이미지에는 사진을 사진답게 만드는 사진만의 특성이 담겨 있다. 사진은 어느 화가의 작품보다도 높은 해상력을 가지며, 어떤 장르의 예술도 따라올 수 없을 만큼 사실적으로 현실을 보여준다.
>
> 이런 이유에서 사진이 과연 예술인가 하는 물음이 제기된다. 제작 과정에서 기계의 역할이 큰 부분을 차지한다는 것과 작가가 결과물에 영향을 미칠 수 없다는 점을 이유로 예술이 아니라는 주장이 제기된 것이다.
>
> 카메라는 렌즈 앞에 존재하는 것만을 프레임 안에 담기 때문에 사진은 현실을 그대로 보여주지 않는다. 말하자면 이미지는 세상의 이미지들 중에서 사진가의 눈을 통하여 선택된 일부인 것이다.
>
> 사진에서는 사진가의 눈이 중요하다. 카메라는 앞에 있는 대상의 의미에 대하여 침묵한다. 그렇기 때문에 사진가가 대상을 알지 못하면 볼 수도 찍을 수도 없다. 대상을 선정하여 기록하고 증거를 남기기 위하여 사진가는 대상에 대해 끊임없이 관심을 가지고 관찰을 해야 한다. 이것이 사진가에게 필요한 첫 번째 눈 '관찰의 눈'이다.
>
> 세상의 수많은 사진들은 세상에 존재하는 누군가의 삶을 기록한 것이다. 사진가의 눈에 비친 그 존재는 영원히 그 자리에 머무는 것이 아니라 흐르는 시간 위에서 변화하고 있다. 사진가는 변화하는 대상의 존재감 혹은 존재의 의미를 깨닫고 사진을 통하여 부각시킬 수 있어야 한다. 이것이 사진가가 갖출 두 번째 눈 '존재의 눈'이다.

① 순간성은 사진의 고유한 특성이다.

② 사진은 사진가의 의도가 반영된 예술 작품이다.

③ 사진이 현실을 그대로 반영한다고 오해할 수 있다.

④ 사진은 사진가가 세상을 객관적으로 관찰한 결과물이다.

3 다음 글을 읽고 추론한 것으로 가장 적절하지 않은 것은?

글을 읽으면서 의심할 줄 모르는 것은 처음 배우는 사람들의 일반적인 문제이다. 이것은 그들이 평소 많이 읽고 뜻을 터득하는 데에만 힘써 자세히 볼 여유를 갖지 못한 채, 쫓기듯 바삐 책을 많이 읽는 데에만 버릇이 들어 있기 때문이다. 그러므로 이제 이 점을 경계하여 위와 같은 버릇을 깨끗이 씻어 버리고 별도로 독서의 체계를 세워 자신에게 적합한 책 중에서 더욱 절실하고도 긴요한 것을 택해야 한다. 또한 책을 볼 때에는 자기의 능력에 따라 하루에 우선 한두 단락을 보고 그 부분의 이해가 끝나면 다른 단락으로 나아가야 한다. 이렇게 해서 책 한 권이 다 끝나거든 다른 책으로 바꾸어야 한다. 이 때 무엇보다 먼저 요청되는 것은, 마음을 텅 비우고 기운을 고르게 하여 숙독(熟讀), 숙고(熟考)해서 한 글자 한 구절까지 다 확실히 이해하여야 한다. 또 여러 학자들의 주석(註釋)을 하나하나 독파한 다음, 그들의 옳고 그름을 비교하여 성현들이 말씀하신 본뜻을 찾아야 한다. 그리고 그 뜻을 이미 이해했다 하더라도 또다시 반복 음미하여 그 의미와 이치를 몸으로 체득해야만 그것을 배웠다고 말할 수 있다. 윤화정(尹和靖)의 문인들이 자기 스승을 칭찬하기를 '대단하시다, 성현들의 말씀과 육경(六經)의 내용을 환히 이해하고 마음 깊이 터득하시어 마치 자신의 말을 하는 것같이 하시는구나' 하였다. 이러한 경지에 이르러야 글 읽는 사람이라고 말할 수 있다.

① 글을 읽고 깨달은 바를 내면화해야 한다.

② 비판적으로 글을 읽는 자세를 가져야 한다.

③ 자신의 역량에 맞게 독서 분량을 조절해야 한다.

④ 필자의 미흡한 생각을 보완하며 글을 읽어야 한다.

맞은 개수 / 3문제

1 다음 글을 뒷받침 하는 예로 적절하지 않은 것은?

> 현실의 언어 변화를 최대한 수용하면서 언어 현실과 어문 규범의 괴리를 최소화하는 방안에는 어떤 것이 있을까? 지난 번 '국립국어원'의 복수 표준어 확대가 하나의 방안이 될 수 있다. 복수 표준어란 한 가지 의미를 나타내는 단어 몇 가지가 언중들 사이에서 널리 함께 쓰이고 표준어 규정에 맞으면, 그 모두를 표준어로 인정한 것을 말한다. 여기에는 널리 함께 쓰이는 단어, 어감의 차이를 나타내는 단어, 발음이 비슷한 단어 등이 있다.
>
> 이것은 어문 규범을 유지하면서 일상생활에서 널리 쓰이는 비표준어를 복수 표준어로 인정하여 언어 현실과 어문규범의 괴리를 해소하고자 노력한 것이다. 가령, 표준어 '간질이다'와 같은 뜻으로 널리 함께 쓰이는 비표준어 '간지럽히다'를 표준어로 인정한 것, '오순도순'과 어감 차이가 나지만 '오손도손'을 표준어로 인정한 것, '자장면'을 '짜장면'으로 소리 내는 언어 현실을 반영하여 두 가지 표기를 모두 표준어로 인정한 것이 그 사례이다. 이는 어문 규범 자체를 부정하거나 사전에 맡기기 보다는 현행 어문 규범을 유지하면서 언중의 실제 언어생활을 반영한 점에서 의의를 찾을 수 있다.

① "발음이 비슷하므로 '태껸'과 '택견' 두 표기 모두 표준어로 인정한 것이구나."

② "방언이던 '빈대떡'이 본래 표준어였던 '빈자떡'보다 널리 쓰이면서 '빈대떡'만 표준어로 남았군."

③ "원래 '복사뼈'만 표준어였는데 '복숭아뼈'가 같은 뜻으로 널리 쓰이다보니 '복숭아뼈'도 표준어가 되었어."

④ "알록달록하게 만든 아이의 옷이나 신발을 이르는 말인 '고까'와 '꼬까'는 어감의 차이가 있지만 둘 다 표준어로 인정되었어."

2 다음 글에서 설명한 '과잉정당화 효과'에 가장 가까운 것은?

> 과잉정당화 효과란 자기 행동의 동기를 자기 내부에서 찾지 않고 외부에서 주어진 보상 탓으로 돌리는 현상을 말한다. 사실 이러한 과잉정당화 효과는 데시의 실험 이전에도 언급된 적이 있었다. 다릴 벰은 인간은 다른 동물들과는 달리, 자기가 하는 행동을 스스로 관찰할 수 있는 동물이라고 말했다. 인간은 자신이 하는 행동을 관찰하고 자신이 어떤 상태인지를 파악한다는 것이다. 따라서 자신이 보상을 받고 어떤 일을 한다면 자신이 그 일을 하는 것은 보상 때문이라고 생각하게 되고, 보상이 없는데도 어떤 일을 한다면 그것은 정말 좋아서 하는 것이라고 믿게 된다는 것이다.
>
> 그렇다면 어떤 경우에 과잉정당화 효과가 잘 일어날까? 돈이나 음식, 혹은 상품 같은 물질적인 보상이 과잉정당화 효과를 잘 일으키는 반면, 칭찬이나 관심과 같은 심리적이고 비물질적인 보상은 과잉정당화 효과를 잘 일으키지 않는다. 그리고 어떤 일을 얼마나 잘 했는지를 고려하지 않고 단지 그 일을 수행한 것만으로 보상을 하는 경우에 과잉정당화 효과가 일어날 가능성이 높다. 다시 말해 성취도에 따라서 체계적으로 주어지는 보상은 그것이 물질적이라 할지라도 과잉정당화 효과가 잘 나타나지 않는다.

① 재미난 골에 범 난다.

② 절에 가서 젓국 달라 한다.

③ 제사를 지내려니 식혜부터 쉰다.

④ 염불에는 맘이 없고 잿밥에만 맘이 있다.

3 밑줄 친 부분과 유사한 태도를 지닌 사람은?

> 심리학자 와이너는 부정적인 경험을 한 상황을 어떻게 해석하느냐에 따라 이러한 공포증이 생길 수도 있고 그렇지 않을 수도 있으며, 공포증이 지속될 수도 있고 극복될 수도 있다고 했다. 그는 상황을 해석하는 방식을 설명하기 위해 상황의 원인을 어디에서 찾느냐, 상황의 변화 가능성에 대해 어떻게 인식하느냐의 두 가지 기준을 제시했다. 상황의 원인을 자신에게서 찾으면 '내부적'으로 해석한 것이고, 자신이 아닌 다른 것에서 찾으면 '외부적'으로 해석한 것이다. 또 상황이 바뀔 가능성이 전혀 없다고 생각하면 '고정적'으로 인식한 것이고, 상황이 충분히 바뀔 수 있다고 생각하면 '가변적'으로 인식한 것이다.

① 골목에서 갑자기 튀어나온 개에게 물렸던 진우는 "개는 위험한 동물이야."라는 반응을 보였다.

② 고소공포증이 있는 현주는 "나는 겁이 많아서 높은 곳에 오르는 것이 무서워."라는 반응을 보였다.

③ 엘리베이터에 갇힌 예슬이는 "엘리베이터 안전 점검을 하지 않은 관리인 때문에 갇힌 거야."라는 반응을 보였다.

④ 편파 판정으로 인해 시합에서 진 흥민이는 "심판이 바뀌지 않는다면 다시 시합하더라도 또 질거야."라는 반응을 보였다.

정답 및 해설 18p

PART 3

글의 짜임을
파악해야 하는 문제

기출로 배우는 유형별 전략

유형 | 글의 구조 파악

최근 출제경향

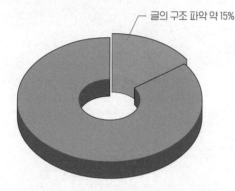

글의 구조 파악 약 15%

국가직 | 지방직 | 서울시 9·7급 비문학 독해

'글의 구조 파악'은 글의 전개 순서나 논리적 배열 관계를 정확히 이해했는지 묻는 유형으로, 공무원 국어 시험 비문학 독해 문제의 약 15%를 차지한다. 제시된 여러 문장(문단)을 글의 흐름에 맞게 배열하는 문제, 빈칸에 들어갈 접속어를 찾는 문제, 주어진 문장(문단)이 들어갈 위치를 묻는 문제 등이 이 유형에 속한다.

대표질문 유형

· 다음 글의 전개 순서로 가장 자연스러운 것은?

· ㉠ ~ ㉢에 들어갈 말을 바르게 연결한 것은?

· 문맥상 다음 ㉠에 들어갈 문장으로 가장 적절한 것은?

· 문맥에 따른 배열로 가장 적절한 것은?

· 다음 글의 논증 구조를 옳게 파악한 것은?

· <보기1>에 이어질 글을 <보기2>에서 찾아 순서대로 바르게 나열한 것은?

· 다음 문장들을 두괄식 문단으로 구성하고자 할 때, 문맥상 가장 먼저 와야 할 문장은?

유형에 강해지는 전략

1단계 접속어 및 지시어로 시작하지 않는 것 중 화제를 제시하는 첫 문장(문단)에 해당하는 내용을 찾는다.

· 첫 문장(문단)이 고정되어 있는 문제는 고정되어 있는 문장(문단)의 핵심 내용을 가장 먼저 파악한다.

2단계 접속어, 지시어, 반복되는 핵심어 등에 유의하여 첫 문장(문단)에 이어지는 내용을 찾아 글의 흐름을 파악한다.

3단계 각 문장(문단)의 중심 내용을 바탕으로 글의 논리적 관계를 파악한다.

· 빈칸에 들어갈 접속어를 찾는 문제는 빈칸의 앞뒤 문장이 서로 어떤 관계인지 따져야 한다. (인과·역접·첨가 등)
· 주어진 문장(문단)이 들어갈 위치를 묻는 문제는 주어진 문장(문단)과 들어갈 위치를 선택한 후에 앞뒤 내용이 자연스럽게 이어지는지 확인해야 한다.

대표유형분석

〈보기〉의 지문은 설명문의 일종이다. 두괄식 설명문 으로 구성하고자 할 때 논리적 전개 에 가장 부합하게 배열한 것은?

2019년 서울시 9급 (2월)

> 보기
>
> ㉠ 문장 을 구성하는 기본적인 언어 단위를 어절 이라 한다. 띄어 쓴 문장 성분
> ㉡의 핵심어가 반복됨   ㉠의 핵심어
> 을 각각 어절이라고 하는데, 하나의 어절이 하나의 문장 성분이 되는 것은
> 문장 구성의 기본적인 성질이다.
>
> ㉡ 문장 은 인간의 생각을 완결된 형태로 담을 수 있는 언어 단위이다. 문장은
> ㉡의 핵심어
> 일정한 구성 성분으로 이루어지는데, 맥락을 통해서 알 수 있을 경우에는
> 문장 성분을 생략할 수도 있다.
>
> ㉢ 띄어 쓴 어절 이 몇 개 모여서 하나의 문장 성분이 되는 경우가 있다. 『그 남
> ㉠의 핵심어가 반복됨   ㉡의 중심 내용
> 자가 아주 멋지다.'라는 문장에서 '그 남자가'와 '아주 멋지다'는 각각 두 어
> 절로 이루어져서 주어와 서술어 역할을 하고 있다.』
> 『』: ㉠에서 언급한 문장 구성의 기본적인 언어 단위인 어절에 대한 예시
>
> ㉣ 두 개 이상의 어절이 모여서 하나의 문장 성분을 이룬 것을 구(句)라고 한
> ㉢의 중심 내용을 바탕으로 '구'와 '절'을 설명하고 있음   ㉣의 핵심어
> 다. 절 은 주어와 서술어를 갖고 있다는 점에서 구와 구별되지만, 독립적으
> ㉣의 핵심어
> 로 사용되지 못한다는 점에서 문장과 구별된다.

① ㉠ – ㉡ – ㉣ – ㉢

② ㉠ – ㉣ – ㉢ – ㉡

✓③ ㉡ – ㉠ – ㉢ – ㉣

④ ㉡ – ㉢ – ㉠ – ㉣

두괄식 구성
글의 첫머리에 중심 내용이 오는 산문 구성 방식
→글의 중심 내용이 첫 번째 문단에 위치해야함

발문 파악
먼저 첫 번째 문단에 해당하는 내용을 찾고, 접속어, 지시어, 반복되는 핵심어를 통해 글의 흐름을 파악해야 함

㉠의 중심 내용
어절의 개념과 문장 구성의 기본적인 성질

㉡의 중심 내용
문장의 개념: 일정한 구성 성분으로 이루어진 언어 단위

㉢의 중심 내용
띄어 쓴 어절이 모여서 하나의 문장 성분이 되는 경우가 있음

㉣의 중심 내용
두 개 이상의 어절이 모여서 형성된 구와 절

순서 판단의 단서와 근거
㉡두괄식 구성을 고려했을 때 글의 중심 화제를 제시한 ㉡이 첫 문단으로 오는 것이 적절함
㉠㉡의 핵심어가 반복되고 중심 화제인 '문장'을 이루는 기본적인 단위인 '어절'을 설명하므로 ㉡ 뒤에 오는 것이 적절함
㉢㉠에서 언급한 문장 구성의 기본적인 성질과 관련된 내용을 구체적인 예시를 들어 설명하므로 ㉠ 뒤에 오는 것이 적절함
㉣㉢의 중심 내용을 바탕으로 '구'와 '절'을 설명하고 있기 때문에 ㉢ 뒤에 오는 것이 적절함

맞은 개수 / 3문제

1 다음 글의 전개 순서로 가장 자연스러운 것은?

(가) 일반적으로 거품이란 것은 어떤 상품—특히 자산—의 가격이 지속적으로 급격히 상승하는 현상을 가리킨다. 이와 같은 지속적인 가격 상승이 일어나는 이유는 애초에 생긴 가격 상승이 추가적인 가격 상승의 기대로 이어져 투기 바람이 형성되기 때문이다. 어떤 상품의 가격이 올라 그것을 미리 사 둔 사람이 재미를 보았다는 소문이 돌면 너도나도 사려고 달려들기 때문에 가격이 천정부지로 뛰어오르게 된다. 물론 이 같은 거품이 무한정 커질 수는 없고 언젠가는 터져 정상적인 상태로 돌아올 수밖에 없다. 이 때 거품이 터지는 충격으로 인해 경제에 심각한 위기가 닥칠 수도 있다.

(나) 아무리 튤립이 귀하다 한들 알뿌리 하나의 값이 요즈음 돈으로 쳐서 45만원이 넘는 수준까지 치솟을 수 있을까? 엄지손가락만한 크기의 메추리알 하나의 값이 달걀 한 꾸러미 값보다도 더 비싸질 수 있을까? 이 두 물음에 대한 대답은 모두 '그렇다'이다. 역사책을 보면 1636년 네덜란드에서는 튤립 알뿌리 하나의 값이 정말로 그 수준으로 뛰어오른 적이 있었다. 그리고 그때를 기억하는 사람은 알겠지만, 실제로 1950년대 말 우리나라에서 한때 메추리알 값이 그렇게까지 비쌌던 적이 있었다.

(다) 어떤 상품의 가격은 기본적으로 수요와 공급의 힘에 의해 결정된다. 시장에 참여하고 있는 경제 주체들은 자신이 갖고 있는 정보를 기초로 하여 수요와 공급을 결정한다. 이들이 똑같은 정보를 함께 갖고 있으며 이 정보가 아주 틀린 것이 아닌 한, 상품의 가격은 어떤 기본적인 수준에서 크게 벗어나지 않을 것이라고 예상할 수 있다. 예를 들어 튤립 알뿌리 하나의 값은 수선화 알뿌리 하나의 값과 비슷하고, 메추리알 하나는 달걀 하나보다 더 쌀 것으로 짐작해도 무방하다는 말이다.

(라) 그러나 현실에서는 사람들이 서로 다른 정보를 갖고 시장에 참여하는 경우가 많다. 어떤 사람은 특정한 정보를 갖고 있는데 거래 상대방은 그 정보를 갖고 있지 못한 경우도 있다. 뿐만 아니라 이들 사이에 거래에 참여하는 목적이나 재산 등의 측면에서 큰 차이가 존재하는 것이 보통이다. 이런 경우에는 어떤 상품의 가격이 우리의 상식으로는 도저히 이해하기 힘든 수준까지 일시적으로 뛰어오르는 현상이 나타날 가능성이 있다. 이런 현상은 특히 투기의 대상이 되는 자산의 경우에 자주 목격되는데, 우리는 이를 '거품(bubbles)'이라고 부른다.

① (나) – (다) – (라) – (가)

② (나) – (라) – (가) – (다)

③ (다) – (나) – (라) – (가)

④ (다) – (가) – (나) – (라)

2 〈보기1〉에 이어질 문장을 〈보기2〉에서 찾아 순서대로 나열한 것은?

> 보기1
>
> 19세기 일부 인류학자들은 결혼이나 가족 등 문화의 일부에 주목하여 문화 현상을 이해하고자 하였다.

> 보기2
>
> ㉠ 문화를 이루는 인간 생활의 거의 모든 측면은 서로 관련을 맺고 있기 때문이다.
> ㉡ 그들은 모든 문화가 '야만 → 미개 → 문명'이라는 단계적 순서로 발전한다고 설명하였다.
> ㉢ 20세기 인류학자들은 이러한 사실에 주목하여 문화 현상을 바라보았다.
> ㉣ 그러나 이 입장은 20세기에 들어서면서 어떤 문화도 부분만으로는 총체를 파악할 수 없다는 비판을 받았다.

① ㉠ – ㉡ – ㉣ – ㉢
② ㉠ – ㉣ – ㉢ – ㉡
③ ㉡ – ㉣ – ㉠ – ㉢
④ ㉡ – ㉢ – ㉠ – ㉣

3 내용의 전개에 따라 바르게 배열한 것은?

> ㉠ 관념과 생각 그 자체는 참도 아니고 거짓도 아니며, 행동을 통해 생활에 적용되어 유용하면 비로소 진리가 되고 유용하지 못하면 거짓이 되는 것이다.
> ㉡ 그래서 지식이 실제 생활에 있어서 만족스러운 결과를 낳거나 실제로 유용할 때 '참'이라고 한다.
> ㉢ 실용주의자들은 대응설이나 정합설과는 아주 다른 관점에서 진리를 고찰한다.
> ㉣ 그러나 진리가 행동과 관련되어 있다는 것은, 행동을 통한 실제적인 결과를 기다려야 비로소 옳고 그름의 판단이 가능하다는 뜻이 된다.
> ㉤ 그들은 지식을 그 자체로 다루지 않고 생활상의 수단으로 본다.

① ㉠ – ㉡ – ㉢ – ㉣ – ㉤
② ㉠ – ㉣ – ㉡ – ㉢ – ㉤
③ ㉢ – ㉣ – ㉡ – ㉠ – ㉣
④ ㉢ – ㉠ – ㉤ – ㉡ – ㉣

정답 및 해설 19p

맞은 개수 　 / 3문제

1 문맥에 따른 배열로 가장 적절한 것은?

(가) 먼저 하회마을 병산서원에 있는 만대루에는 휜 나무가 누각의 1층에 해당하는 하단 부분에서는 기둥으로, 2층에 해당하는 상단부에서는 보로 사용되었다. 휜 기둥이 하단을 받치고 상단부에서는 대들보 역할을 하는 것이다. 휜 나무가 기둥과 대들보로 사용되고 있어서 안정감을 위해 나무를 덧대거나 추가적인 구조물을 설치했을 것 같지만, 만대루에는 곧은 기둥이나 휜 기둥들이 과하지도 모자라지도 않게 사용되어 구조적인 안정성과 심미성을 동시에 나타낸다. 병산서원의 백미로 평가받는 만대루는 이렇게 휜 기둥을 사용하여 자연 재료의 아름다움과 가치를 드러내고 있다.

(나) 한국 전통 건축의 특징 중 하나는 친자연적이라는 것이다. 친자연적이란 일반적으로는 자연을 있는 그대로 받아들이는 것으로, 건축에서는 자연적인 재료의 가공을 최소화하여 있는 그대로 사용하는 것으로 나타나기도 한다. 이를 단적으로 잘 보여주는 것이 휜 나무의 사용이다. 휜 나무는 궁궐에서부터 민가, 불교 건축에서 유교 건축에 이르기까지 두루 사용되었다.

(다) 만대루와 개심사의 휜 기둥은 자연의 교훈을 깨닫게 한다. 자연이 아름다운 이유는 일부러 무엇을 하지 않아도 그 자체로 모든 것을 다 해 놓았기 때문일 것이다. 자연의 일부인 휜 나무는 부족하거나 모자란 것이 아니라, 그 자체로 하나의 독립적이며 완결된 생명체이다. 그러니 일부러 꾸미지 않고, 가공하지도 않는 것이 휘어 있는 나무 상태를 존중하는 것이다. 우리는 여기서 곧은 나무든 휘어진 나무든 모양에 상관없이 그 자체로 기둥의 역할을 충분히 해낼 수 있다는 선인들의 믿음과 평등 의식을 깨닫게 된다.

(라) 휜 나무를 쓴 또 다른 건축물로 개심사의 범종각을 들 수 있다. 범종각에는 누각을 이루는 기둥 네 개에 모두 휜 나무가 사용되었다. 심하게 휘어져 있는 나무를 네 군데 모두 사용하다 보니 범종각은 금방이라도 쓰러질 듯 보인다. 하지만 곧은 나무를 사용한 누각과 다르지 않게 널따란 지붕을 거뜬히 잘 받치며 오랫동안 잘 유지되어 왔다. 개심사 범종각의 휜 기둥은 건축물에 율동감을 주면서, 동시에 자연적인 상태를 받아들이고 더 이상의 치장은 욕심이며 불필요한 것임을 깨닫게 하는 정신적 경계의 역할을 하고 있다. 엄숙한 불교 건축에 휜 나무를 그대로 사용함으로써 자연의 모습, 있는 그대로의 모습을 따르는 것이 이상적 가치라고 알려 준다.

① (가) – (나) – (다) – (라)

② (가) – (라) – (다) – (나)

③ (나) – (가) – (라) – (다)

④ (나) – (다) – (가) – (라)

2 다음 글의 전개 순서로 가장 자연스러운 것은?

> (가) 1960년대만 해도 우리나라 법원은 정당방위의 성립 여부를 판단할 때 아직도 큰 이익과 작은 이익의 갈등 사이를 비교하려는 법익 교량(法益較量)의 사상이 지배적이었다. 그리고 부정(不正) 대 정(正)의 사상은 피해자가 도망할 수 있는 경우에 도망하지 아니하고 가해자에게 공격한 경우까지도 허용하는 입장이다. 부당한 공격에 정당한 것이 길을 비켜야 할 이유가 없듯 공격을 당하는 자에게 비겁하게 도망하라고 하는 것을 기대할 수 없기 때문이다.
>
> (나) 먼저 방어 행위는 사실상 방어의 필요성을 갖춘 것이어야 한다. 방어자는 위법한 공격에 대해 불안전한 방어 수단만을 사용할 필요는 없다. 주먹으로 방어해도 될 일에 무기를 사용했다 해서 언제나 정당방위가 성립하지 않는다고 말할 수는 없다. 그러나 방어자는 공격을 확실하고 위험 없이 막기 위하여 많은 수단을 선택할 수 있다면 그 중 가장 경미(輕微)한 것으로도 중한 것과 동일한 효과를 낼 수 있는 수단을 선택해야 한다.
>
> (다) 그렇다고 해서 이러한 정당방위가 무제한 허용되는 것은 아니다. 개인의 자기 보전과 법질서의 확충이라는 사회적 요구를 충족시키기 위해 원칙적인 금지에 대해 예외적으로 허용하는 것이지 정당방위가 당당히 나서서 꼭 실현해야 할 권리라고는 말할 수 없다. 그러므로 과격한 정당방위에도 그 내재적인 한계가 있다.
>
> (라) 더 나아가 방어 행위는 규범적으로 요구된 행위여야 한다. 법질서 전체의 입장에서 요구되지 않은 방어 행위는 정당방위가 아니라 권리 남용에 해당한다. 요구된 행위이기 위해서는 목적과 수단의 상당성(相當性)이 있어야 한다. 방어 행위에 의해 야기(惹起)된 손해가 공격 위험에 비해 극단적인 불균형을 이룰 때 정당방위의 자기 보전 근거가 탈락된다. 만약 이 같은 극단적 불균형이 존재함에도 방어 행위를 실행한다면 그것은 권리 남용일 뿐 정당방위는 아니다.

① (가) – (나) – (다) – (라)

② (가) – (다) – (나) – (라)

③ (나) – (다) – (라) – (가)

④ (나) – (라) – (다) – (가)

PART 3

해커스공무원 국어 비문학 독해 333 Vol. 1

3 　㉠ ~ ㉢에 들어갈 말을 바르게 연결한 것은?

> 　그가 태양과 달의 크기를 계산한 방법은 지구가 우주의 중심에 있다고 전제해도 쓸 수가 있는 방법이다. 그러나 그가 내린 결론은 태양이 지구보다 더 큰 것이었으므로, 큰 태양이 작은 지구 둘레를 돈다는 것은 정상적인 것이 아니었다. (　㉠　) 그는 태양을 중심에 두고 행성들의 순서를 올바로 배열한 후, 태양이나 별들은 정지해 있고, 지구를 비롯한 행성이 태양 주위를 돌고 있다는 주장을 폈다. 또한 낮과 밤이 생기는 것은 하늘이 움직이기 때문이 아니라 지구가 하루를 주기로 자전하기 때문이라고 주장하였다.
>
> 　(　㉡　) 당대 사람들은 이러한 아리스타코스의 주장을 철저하게 외면했다. 사람들이 아리스타코스의 천문 체계를 받아들이지 못했던 까닭은 그의 생각이 당대의 상식에 맞지 않았기 때문이었다. 사람들은 지구가 하늘에 떠 있는 태양보다 작을 리 없으며, 지구가 움직인다면 인간이 그것을 느끼지 못할 리가 없다고 생각했다. (　㉢　) 당대 사람들은 모든 물체는 우주의 중심을 향해 떨어진다고 생각했다. 만약 아리스타코스의 말이 맞다면 물건들은 태양을 향해 날아가야 할 것이라고 반박했다.

	㉠	㉡	㉢
①	그래서	그렇지만	그리고
②	그래서	하지만	그러므로
③	하지만	한편	게다가
④	그렇지만	그래서	이를테면

정답 및 해설 20p

글의 구조 파악 ③

1 다음 글의 전개 순서로 가장 자연스러운 것은?

> 기존의 속담을 약간 변형함으로써 속담의 효과를 증대시킬 수 있는 경우가 많다. 예컨대, '개발에 편자'라는 속담과 이를 현대적으로 변형시킨 '개발에 백(白)구두'라는 표현이 있다고 해 보자. 이때 후자가 더 효과적인 표현이라는 사실을 금세 알 수 있을 것이다.
>
> (가) 그런데 우리 주변에서 말[馬]이 사라짐으로 해서 말발굽에 대어 붙이는 쇳조각인 '편자'가 일상적인 생활에서 멀어지게 되었다. 그 결과 '편자'라는 말로는 이 속담의 의미를 제대로 상기할 수 없게 되었다.
>
> (나) 또한 '백구두'가 이 속담이 지니고 있는 본질적인 의미를 더 잘 드러내기에 '전형성'을 띤다고 할 수 있다. 그런 점에서 속담은 우리의 일상적인 경험을 구체적이고 전형적인 사물로 비유하는 표현 방식을 사용하기 때문에 표현 효과가 높다고 보아도 무리가 없을 것이다.
>
> (다) 반면에 '백구두'의 경우는 현대의 남성들이 멋을 내기 위해 신는 신발로 사람들에게 매우 익숙한 사물이다. 따라서 현재는 '백구두'가 이 속담의 의미를 표현하는 데에 더 적합한 구체적인 사물이기에 '구체성'을 띤다고 할 수 있다.
>
> (라) 오늘날 '개발에 편자'보다 '개발에 백구두'가 더 효과적일 수 있는 이유는 무엇일까? '개발에 편자'는 '격(格)에 맞지 않고 지나침'이라는 의미를 지닌 속담이다.

① (나) – (가) – (다) – (라)

② (나) – (다) – (라) – (가)

③ (라) – (가) – (다) – (나)

④ (라) – (다) – (나) – (가)

2 〈보기〉가 들어갈 가장 적절한 위치는?

> 보기
>
> 　그래서 국가는 사람들에게 전형적으로 나타나는 사회적 위험에 대비하도록 강제하는 것이다.

　모든 사람들은 불가피하게 위험에 빠질 가능성을 안고 살아간다. 그래서 개인들은 스스로 위험에 대비하려 하며, 시장은 이를 포착하여 알맞은 상품을 제공한다. 생명보험, 암보험 등의 각종 보험 상품이 바로 그것이다. 그러나 개인의 자발적 선택에 의해 가입하는 민간 보험 상품만으로 개인들이 위험에 완전히 대처했다고 할 수는 없다. ①

　개인들은 자신의 소득을 현재의 욕구를 위한 소비와 미래의 욕구를 위한 저축으로 적절히 배분해야 한다. 그러나 인간은 미래의 욕구보다는 현재의 욕구를 과대평가하는 본능적 성향을 가지고 있다. 또 행운의 확률을 과대평가하고 불행의 확률을 과소평가하는 불합리한 존재이다. 그래서 위험에 대비하기 위해 저축을 하기보다는 현재의 욕구를 위해 소득의 대부분을 지출해버리는 개인이 나타나게 된다. ② 이들은 위험에 직면하게 되면 대비책이 없어 무너지게 되고 이는 곧 사회적 문제가 된다. ③ 그 제도가 사회보험이다. 이것은 개인의 선택에 관계없이 의무적으로 가입해야 하는 강제보험인데 국민건강보험, 국민연금, 고용보험, 산업재해보험 등이 여기에 해당한다.

　그런데 이 강제에 대해 문제를 제기하는 사람들도 있다. 그 이유 중의 하나가 자신이 상대적으로 보험료를 많이 낸다고 생각하는 것이다. ④ 사회보험은 본인의 총액소득에 일정한 비율을 곱해서 보험료를 정하기 때문에 고소득자는 보험료가 높게 책정된다. 그렇다고 해서 연금 지급액이 동일한 비율로 상승하지는 않는다. 그래서 고소득자에게는 사회보험이 민간 보험보다 수익률이 낮을 수 있다. 또 같은 혜택을 받는 국민건강보험료도 고소득자가 보험료를 더 내야 한다.

3 ⊙ ~ ⓒ에 들어갈 말로 적절한 것은?

식품과 비식품 구입비를 지출하는 사람에게, 정부가 월 30만 원의 소득 보조를 시행했다고 가정해 보자. 어떤 물품을 구입하든 간에 보조금 30만 원을 지출하는 데 그는 아무런 제약도 받지 않는다. (⊙) 그의 입장에서는 식품과 비식품의 가격 비율에는 변화가 없으므로 대체 효과는 없으며, 다만 30만 원만큼의 소득 효과만 발생되는 것이다. 반면 구입하려는 식품에 대해 정부가 가격을 보조해 주는 제도를 시행했을 경우 비식품보다 식품의 소비를 늘리게 되는 경향이 뚜렷하므로 대체 효과도 함께 발생하는 것이다.

(ⓛ) 소득 범위 내에서 식품보다 비식품 구입을 선호하는 성향을 지닌 사람의 입장에서는 식품에 대한 가격 보조가 소득 보조보다 비효율적이라고 생각할 수도 있다. 왜냐하면 소득 보조를 받으면 주어진 예산 내에서 자신이 선호하는 비식품을 더 많이 구입할 수 있지만, 식품에 대한 가격 보조를 받으면 자신의 선호도와 상관없이 일시적으로 식품을 구매할 가능성이 높아지기 때문이다. (ⓒ) 정부 입장에서는 소비자의 행동 예측이 어려운 소득 보조보다 소비자 수요를 가시적으로 예측할 수 있는 가격 보조가 경제 정책을 추진하는 데 더 효율적이라고 할 수 있다.

	⊙	ⓛ	ⓒ
①	그래서	그렇지만	또한
②	따라서	그런데	반면
③	그리고	요컨대	가령
④	그렇지만	게다가	한편

1 〈보기〉가 들어갈 가장 적절한 위치는?

보기

　방언경계 지역에는 무지개에 색깔이 겹치는 부분이 있는 것처럼, 두 방언권의 언어 특징들이 뒤섞여 나타나는 접촉지대가 있는데, 이를 전이지대(轉移地帶) 또는 전이지역(轉移地域)이라고 한다. 가령 벼를 한 방언권에서는 '베'라 하고 그 이웃 방언권에서는 '나락'이라고 할 때, 전이지대에서는 '베'와 '나락'이 거의 같은 세력으로 뒤섞여 쓰인다. 그곳에서 한 쪽으로 가면 점차 '베'의 세력이 커지다가 드디어 '베'만 쓰이는 지역이 나오고, 그 반대쪽으로 가면 '나락'의 세력이 커지다가 마찬가지로 '나락'만 쓰는 지역이 나온다.

①

　어떤 지역이 언어적으로 분화하여 그 지역 안에 각각 다른 언어 특징을 지닌 소지역들이 있다면 그 지역을 몇 갈래의 지역으로 나눌 수 있다. 이처럼 어떤 지역을 언어 차에 의해 나누는 것을 방언구획이라고 하며, 이러한 방언구획에 의해 나누어진 각 지역을 방언권이라 한다. 그리고 방언권들 사이의 경계를 방언경계라고 한다.

②

　그런데 전이지대에서는 독특한 의미 분화가 일어나는 경우도 있다. 예를 들어 '베'와 '나락'이 다 쓰일 때 '베'는 논에 있을 때의 벼를 가리킴에 반해 '나락'은 볏단에서 턴 다음의 벼만을 가리키는 따위의 의미 분화가 그것이다. 이것은 '베'와 '나락'이 비록 형태는 달라도 그 의미는 같던 것과는 다른 현상으로, 전이지대에서 생기는 특이한 현상이다.

③

　한편 지금까지 없던 새 언어 특징이 생기는 현상을 개신(改新)이라고 한다. 처음에는 어느 지역에서나 '춥다, 추워서, 추으면'이라고 하였는데 어느 한 지역에서 '춥다, 추워서, 추우면'과 같이 말하는 현상이 나타나는 것이 그 예이다. 이러한 개신이 차츰 세력이 커지면 '춥어서[추버서]' 대신 '추워서'라고 말하는 지역이 점차 넓어진다. 이때 개신의 확장이 마치 물결의 퍼짐과 비슷하다고 하여 개신파(改新波)라고 하며, 세력의 크기에 따라 개신파의 크기가 달라진다.

④

2 내용의 전개에 따라 바르게 배열한 것은?

> (가) 이에 따라 최소한의 에너지 사용만으로도 충분한 효과를 거두는 시스템들이 개발되고 있다. 유럽에서 유행하기 시작한 '블루 이코노미'가 주목받기 시작한 것은 최근의 일이지만, 사실 이러한 시스템은 오래 전부터 이미 사용되고 있었다.
>
> (나) 여름철에는 열대야가 길어지고, 겨울철에는 한파가 이어지거나 폭설 등의 기상 이변이 발생하면서 지구 환경 생태계에 변화를 주고 있다. 우리의 삶에 위협을 주는 이러한 이상 기온 현상의 주원인으로 전문가들은 에너지 남용으로 인한 과도한 온실가스의 배출을 지적하고 이 문제의 해결을 위한 다양한 방안들을 제시하고 있다.
>
> (다) 그중 최근 주목받고 있는 것이 '블루 이코노미(blue economy)'이다. 블루 이코노미란 단순히 친환경적인 소재나 기술의 개발이 아닌 보다 능동적으로 자연 생태계의 순환 시스템을 모방한 방식이다.
>
> (라) 이란의 '야즈'라는 도시에 가면 연기가 나오지 않는 오래된 굴뚝들이 많이 서 있는 모습을 볼 수 있다. 이 굴뚝들은 집 안을 시원하게 하거나, 얼음을 보관하는 창고의 냉각 장치로도 이용되는 것으로 '바람탑'이라 불린다.

① (나) – (다) – (가) – (라)

② (나) – (라) – (다) – (가)

③ (라) – (가) – (다) – (나)

④ (라) – (다) – (나) – (가)

3 다음 문장들을 두괄식 문단으로 구성하고자 할 때 문맥상 전개 순서로 가장 옳은 것은?

> ㉠ 사람들이 저축을 늘리고 소비를 줄이면 기업의 생산 활동이 위축되고 이는 가계의 소득을 감소시킨다.
>
> ㉡ 소득이 감소하면 사람들은 미래에 대한 불안을 느낀 나머지 소비를 최대한 줄이고 저축을 늘리며, 이는 다시 가계의 소득을 더욱 감소시키는 악순환으로 이어진다.
>
> ㉢ 따라서 국민 경제 전체의 관점에서 보면 저축은 총수요를 감소시켜 불황을 심화시키는 악영향을 미친다는 것이다.
>
> ㉣ 저축의 크기보다 투자의 크기가 작은 상황이 지속되면 경기가 만성적인 침체 상황에 빠지게 된다는 것이 케인스의 생각이었다.
>
> ㉤ 케인스는 이와 같은 관점에서 '소비는 미덕, 저축은 악덕'이라는 유명한 말을 남겼다.

① ㉠ – ㉡ – ㉢ – ㉣ – ㉤

② ㉡ – ㉠ – ㉣ – ㉤ – ㉢

③ ㉣ – ㉡ – ㉠ – ㉤ – ㉢

④ ㉣ – ㉠ – ㉡ – ㉢ – ㉤

정답 및 해설 21p

PART 4

비문학 지식이
필요한 문제

기출로 배우는 유형별 전략

유형 1 | 논지 전개 방식

최근 출제경향

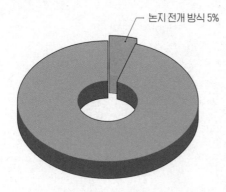

논지 전개 방식 5%

국가직 | 지방직 | 서울시 9·7급 비문학 독해

'논지 전개 방식'은 글의 중심 내용을 효과적으로 전달하기 위해 사용한 전개 방식이 무엇인지를 묻는 유형으로, 출제 비중은 약 5%이다. 주로 제시문에 사용된 논지 전개 방식과 동일한 방식이 사용된 선택지를 고르는 유형의 문제가 출제된다. 따라서 논지 전개 방식의 종류와 그 예를 학습해야 한다.

대표질문 유형

· 밑줄 친 부분의 주된 설명 방식은?
· 〈보기〉 글의 서술 방식으로 가장 옳은 것은?
· 다음 글의 논지 전개 방식으로 적절한 것은?

유형에 강해지는 전략

1단계 제시문에 사용된 논지 전개 방식(서술 방식, 설명 방식)을 파악한다.
· 논지 전개 방식의 종류(정의, 비교, 대조, 유추 등)에 대한 학습이 선행되어야 한다.

2단계 각 선택지에 쓰인 논지 전개 방식을 파악하여 제시문과 동일한 방식이 사용된 선택지를 고른다.

대표유형분석

〈보기〉의 설명에 활용된 방식과 가장 가까운 것은?　　　　2019년 서울시 9급 (2월)

발문 파악
〈보기〉에 활용된 논지 전개 방식을 파악한 후 이와 동일한 방식이 사용된 선택지를 찾아야 함

보기

　　유학자들은 자신이 먼저 인격자가 될 것을 강조하지만 궁극적으로는 자신
글의 중심 내용
뿐 아니라 백성 또한 올바른 행동을 할 수 있도록 이끌어야 한다는 생각을 원

칙으로 삼는다. 주희도 『자신이 명덕(明德)을 밝힌 후에는 백성들도 그들이 지
예시 ①: '주희'의 생각
닌 명덕을 밝혀 새로운 사람이 될 수 있도록 가르쳐야 한다고 본다. 백성을

가르쳐 그들을 새롭게 만드는 것이 바로 신민(新民)이다. 주희는 『대학』을 새

로 편찬하면서 고본(古本) 『대학』의 친민(親民)을 신민(新民)으로 고쳤다. '친

(親)'보다 는 '신(新)'이 백성을 새로운 사람으로 만든다는 취지를 더 잘 표현

한다고 보았던 것이다.』반면 정약용은, 『친민을 신민으로 고치는 것은 옳지 않
예시 ②: '정약용'의 생각
다고 본다. 정약용은 친민을 백성들이 효(孝), 제(弟), 자(慈)의 덕목을 실천하

도록 이끄는 것이라 해석한다. 즉 백성으로 하여금 자식이 어버이를 사랑하

여 효도하고 어버이가 자식을 사랑하여 자애의 덕행을 실천하도록 이끄는 것

이 친민이다. 백성들이 이전과 달리 효, 제, 자를 실천하게 되었다는 점에서

새롭다는 뜻은 있지만 본래 글자를 고쳐서는 안 된다고 보았다.』

〈보기〉에 사용된 논지 전개 방식
예시: 글의 중심 내용을 설명하기 위해 '주희'와 '정약용'을 예시로 듦

① 시는 서정시, 서사시, 극시로 나뉜다.

② 소는 식욕의 즐거움조차 냉대할 수 있는 지상 최대의 권태자다.

✔ 언어는 사고를 반영한다는 말이 있는데, 그 예로 무지개 색깔을 가리키는 7가지
단어에 의지하여 무지개 색깔도 7가지라 판단한다는 것을 들 수 있다.

④ 곤충의 머리에는 겹눈과 홑눈, 더듬이 따위의 감각 기관과 입이 있고, 가슴에는
2쌍의 날개와 3쌍의 다리가 있으며, 배에는 끝에 생식기와 꼬리털이 있다.

선택지에 사용된 논지 전개 방식
① 구분: 상위 항목인 '시'를 하위 항목인 '서정시, 서사시, 극시'로 나누어 설명함
② 비유: '소'를 '지상 최대의 권태자'에 빗대어 간접적으로 표현함
③ 예시: 무지개를 예로 들어 언어는 사고를 반영한다는 사실을 설명함
④ 분석: 곤충을 머리, 가슴, 배로 나누어 설명함

유형 2 | 논리적 사고

최근 **출제경향**

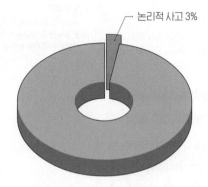

논리적 사고 3%

국가직 | 지방직 | 서울시 9·7급 비문학 독해

'논리적 사고'는 글에 나타난 논증 방법이나 논리적 오류를 파악할 수 있는지 묻는 유형이다. 글의 논리가 어떻게 전개되는지 파악하는 문제, 글에 나타난 논리적 오류와 동일한 오류의 사례를 찾는 문제 등 논증 방법과 논리적 오류의 종류와 각각의 개념에 대해 알고 있어야 풀 수 있는 문제들이 출제된다. 비록 출제 비중은 3%로 적은 편이지만 시험의 변별력을 높이는 문제들이 출제되기 때문에 개념 학습과 문제 풀이로 철저하게 대비해야 한다.

대표질문 유형

· <보기>와 같은 유형의 논리적 오류에 해당하는 것은?

· 다음 글과 논증 방식이 가장 가까운 것은?

유형에 강해지는 전략

1단계 제시문에 나타난 논증 방법이나 논리적 오류를 파악한다.

· 논증 방법(연역 추론, 귀납 추론, 유비 추론 등)과 논리적 오류(성급한 일반화의 오류, 무지의 오류 등)에 대한 학습이 선행되어야 한다.

2단계 각 선택지에 쓰인 논증 방법이나 논리적 오류를 파악하여 제시문과 동일한 것을 고른다.

대표유형분석

다음 예문과 같은 유형의 논리적 오류가 나타난 것은?　　　　　2017년 서울시 9급

> 이 식당은 요즘 SNS에서 굉장히 뜨고 있어. 그러니까 엄청 맛있을 거야.
> 　　　　　　　근거 (다수가 찾는 식당임)

① 이 식당 음식을 꼭 먹어보도록 해. **만나는 사람들마다 이 집 이야기를 하는걸 보**
　근거(다수가 동의함)
　니 맛이 괜찮은가 봐.

② 누구도 이 식당이 맛없다고 말한 사람은 없어. 그러니까 엄청 맛있는 집이란 소
　　　　　근거(반증된 적 없음)
　리지.

③ 여기는 유명한 개그맨이 맛있다고 한 식당이니까 당연히 맛있겠지. 그러니까 꼭
　　　　근거(관련 없는 권위자의 견해)
　여기서 먹어야 해.

④ 이번에는 이 식당에서 밥을 먹자. 내가 얼마나 여기서 먹어 보고 싶었는지 몰라.
　　　　　　　　　근거(간절한 감정을 드러냄)
　꼭 한번 오게 되기를 간절하게 바랐어.

발문 파악
예문에 나타난 논리적 오류를 파악한 후 이와 동일한 오류가 나타난 선택지를 찾아야 함

예문에 나타난 논리적 오류
대중에의 호소: 다수가 동의한다 (SNS에서 또는 식당이다)는 점을 들어 자신의 주장(음식이 맛있을 것)에 동조하도록 하는 오류가 나타남

선택지에 나타난 논리적 오류
① 대중에의 호소: 다수가 동의한다는 점을 들어 자신의 주장에 동조하도록 하는 오류
② 무지의 오류: 반증된 적이 없으므로 어떤 주장을 받아들여야 한다고 말하거나, 증명된 적이 없으므로 어떤 결론이 거절되어야 한다고 주장하는 오류
③ 부적합한 권위에의 호소: 논점과 직접적인 상관관계가 없는 권위자의 견해를 근거로 하여 자신의 주장을 받아들이도록 하는 오류
④ 동정에의 호소: 상대방의 동정심이나 연민에 호소하여 자신의 주장을 받아들이게 하는 오류

1 다음 글과 같은 방식으로 논리를 전개한 것은?

날개 없는 선풍기는 스탠드와 고리 몸통으로 이루어져 있다. 스탠드의 내부에는 공기를 빨아들이도록 제트엔진처럼 팬과 모터가 있다. 고리 몸통은 내부가 비어 있어 공기가 지나가도록 설계되어 있으며, 여기에는 이 공기가 바깥으로 나가도록 둥근 고리 몸통을 따라 난 작은 틈이 있다.

또한 고리 몸통 단면의 형태는 비행기 날개의 단면을 뒤집어 놓은 것과 비슷한 구조이다. 이런 구조로 만든 이유는 고리 몸통 안쪽과 바깥쪽의 기압 차이를 만들어 고리 몸통 주변의 공기를 이동시키기 위한 것이다. 비행기 날개의 경우, 윗면이 아랫면보다 볼록하다. 공기는 비행기의 평평한 아랫면보다 볼록한 윗면을 지나갈 때 속도가 더 빨라지게 되는데, 공기의 속도가 빠른 윗면은 기압이 낮아지고 속도가 느린 아랫면의 기압은 상대적으로 높아지게 된다. 공기는 고기압에서 저기압으로 힘이 작용해 이동하므로, 기압이 높은 날개의 아래쪽에서 기압이 낮은 날개의 위쪽으로 힘이 작용해 공기가 이동하면서 비행기가 뜨는 것이다. 날개 없는 선풍기의 고리 몸통 단면에도 이 원리가 반영되어 있다.

날개 없는 선풍기는 바람을 만들기 위해 우선 스탠드의 팬을 작동하여 주변의 공기를 빨아들인다. 이렇게 흡입된 공기는 고리 몸통 내부로 올라가는데, 이때 스탠드의 내부보다 좁아진 고리 몸통 내부의 공간으로 인해 약 88km/h정도로 그 유속이 빨라지게 된다. 또한 고리 몸통 내부로 빠르게 밀려 올라온 공기는 1.3mm의 작은 틈을 통해 고리 몸통 밖으로 나온다. 이때 고리 몸통 내부의 공간보다 훨씬 더 좁은 틈 때문에 공기가 더 가속된다. 이렇게 빨라진 공기로 인해 고리 몸통 안쪽의 기압은 낮아지고 고리 몸통 바깥의 기압은 상대적으로 높아지게 된다. 이 때문에 고리 몸통 주변의 공기가 고리 몸통 내부에서 나온 빠른 공기와 같은 방향으로 이동하여 합쳐지면서 바람이 생기는 것이다. 이때 고리 몸통 안쪽을 통과하는 공기의 양은 처음 스탠드에 흡입된 공기의 양보다 15배 정도 증가하게 된다.

① 커뮤니케이션 학자 마샬 맥루한은 방송의 이러한 성격과 관련하여 "미디어는 곧 메시지이다."라고 말한 바 있다.

② 피드백은 체내의 일반적인 상황에서 이루어지는 음성 피드백(negative feedback)과 특정 상황에서 이루어지는 양성 피드백(positive feedback)이 있다.

③ 속담이란 살아가면서 체험한 내용 중 생활에 본보기가 될 수 있는 교훈적인 내용을 짧은 글로 나타낸 관용적인 표현이다. 속담은 대부분 군더더기가 없이 비교적 간결하면서 비유적인 언어 형식으로 되어 있다.

④ 소화기를 사용할 때 제일 먼저 할 일은 소화기의 안전핀을 뽑는 것이다. 그 후 바람이 부는 방향을 등지고 불이 난 곳을 향해 호스(고무관)를 빼 들고 손잡이를 힘껏 움켜쥔다. 그리고 불길 주위에서부터 빗자루로 쓸 듯이 골고루 약제가 뿌려지도록 한다.

2 다음 글의 주된 설명 방식이 적용된 것으로 가장 적절한 것은?

> 부조의 특성을 완벽하게 소화하여 평면에 가장 입체적으로 승화시킨 것이 석굴암 입구 좌우에 있는 금강 역사상이다. 이들은 제각기 다른 자세로 금방이라도 벽 속에서 튀어나올 것 같은 착각을 준다. 팔이 비틀리면서 평행하는 사선의 팽팽한 근육은 힘차고, 손가락 끝은 오므리며 온 힘이 한곳에 응결된 왼손의 손등에 솟은, 방향과 높낮이를 달리하는 다섯 갈래 뼈의 강인함은 실로 눈부시다.

① 원앙은 추운 지방에서 나는 새로서 연꽃이 한창 필 무렵에는 북쪽으로 날아가 버리나, 동양의 옛 그림 속에서는 연꽃과 함께 등장하는 경우가 많다. 이처럼 이치에 맞지 않는 소재의 배합은 많은 그림에서 보인다.

② 무거운 다리를 끌고 버스에 오른다. 앉아 있는 사람, 서 있는 사람, 모두가 피로에 지친 얼굴로 무심히 버스의 흔들림에 몸을 맡기고 있다. 그때 한 아이가 신기한 듯 창밖을 바라보며 엄마에게 연신 질문을 해댄다.

③ 녹음과 복제 기술 덕분에 연주자는 자신이 연주한 곡을 듣고 평가할 수 있게 되었고, 이를 바탕으로 좀 더 나은 연주를 할 수 있게 되었다. 더 나아가 연주자는 자신의 연주를 반복해서 들으며 이전에는 의식하지 못했던 자신만의 곡 해석법을 발견하거나 개발하기도 하였다.

④ 수요와 공급에 의해 결정된 시장 가격은 일반적으로 소비자가 지불할 용의가 있는 금액과 차이가 있다. 소비자가 만족감을 얻기 위해 해당 상품에 대해 지불할 용의가 있는 금액에서 실제로 지불한 가격을 빼면 그 구매에서 소비자가 얻는 이득이 되는데 이를 '소비자 잉여'라고 한다.

3 밑줄 친 부분의 주된 설명 방식은?

> 한옥의 원통 구성은 '외파 증식'의 방식으로 발전해 온 한옥의 형성 과정과도 관련이 깊다. 한옥의 평면 구성을 보면 개별 채에서부터 한 번 꺾인 'ㄱ' 자형, 두 번 꺾인 'ㄷ' 자형, 세 번 꺾어 에워싸는 'ㅁ' 자형, 에워싼 다음 한 번 더 뻗어나간 'ㅂ' 자형 등 그 구성 방식이 다양하다. 이처럼 씨앗이 발아하듯 방 하나의 기본 공간 단위가 밖으로 증식하면서 분할하는 것이 외파 증식이다. 이는 윤곽을 먼저 정하고 안으로 잘라 들어가며 구성하는 서양의 '내파 분할' 구성과 반대되는 한옥만의 독특한 특징이라고 할 수 있다.

① 과정   ② 분석

③ 구분   ④ 예시

정답 및 해설 23p

맞은 개수   / 3문제

1 다음 글의 논지 전개 방식으로 적절한 것은?

> 요하(遼河)가 일찍이 울지 않는 것이 아니라 특히 밤에 건너 보지 않은 때문이니, 낮에는 눈으로 물을 볼수 있으므로 눈이 오로지 위험한 데만 보느라고 도리어 눈이 있는 것을 걱정하는 판인데, 다시 들리는 소리가 있을 것인가. 지금 나는 밤중에 물을 건너는지라 눈으로는 위험한 것을 볼 수 없으니, 위험은 오로지 듣는 데만 있어 바야흐로 귀가 무서워하여 걱정을 이기지 못하는 것이다.
>
> 나는 이제야 도(道)를 알았도다. 마음이 어두운 자는 귀와 눈이 누(累)가 되지 않고, 귀와 눈만을 믿는 자는 보고 듣는 것이 더욱 밝혀져서 병이 되는 것이다. 이제 내 마부가 발을 말굽에 밟혀서 뒤차에 실리었으므로, 나는 드디어 혼자 고삐를 늦추어 강에 띄우고 무릎을 구부려 발을 모으고 안장 위에 앉았으니, 한번 말에서 떨어지면 곧 물인 것이다. 거기로 떨어지는 경우에는 강이나 물로 땅을 삼고, 물로 옷을 삼으며, 물로 몸을 삼고, 물로 성정을 삼으니, 이제야 내 마음은 한번 떨어질 것을 판단한 터이므로 내 귓속에 강물 소리가 없어지고 무릇 아홉 번 건너는데도 걱정이 없어 의자 위에서 좌와(坐臥)하고 기거(起居)하는 것 같았다.
>
> 옛날 우(禹)는 강을 건너는데, 황룡(黃龍)이 배를 등으로 떠받치니 지극히 위험했으나 사생의 판단이 먼저 마음속에 밝고 보니, 용이거나 지렁이이거나 크거나 작거나가 족히 관계될 바 없었다. 소리와 빛은 외물(外物)이니 외물이 항상 이목에 누가 되어 사람으로 하여금 똑바로 보고 듣는 것을 잃게 하는 것이 이 같거늘, 하물며 인생이 세상을 지나는 데 그 험하고 위태로운 것이 강물보다 심하고, 보고 듣는 것이 문득 병이 되는 것임에랴.

① 유추를 사용하여 깨달은 바를 전달하고 있다.

② 다양한 사례들을 비교하여 주제를 강조하고 있다.

③ 다른 사람의 의견을 빌려 주장을 정당화하고 있다.

④ 예시와 비유를 통해 말하고자 하는 바를 쉽게 설명하고 있다.

2 다음 중 〈보기〉와 같은 서술 방식이 쓰인 문장은?

보기

　준법 가운데 보편적으로 쓰이는 것에는 피마준, 수직준, 절대준, 미점준 등이 있다. 일정한 방향과 간격으로 선을 여러 개 그어 산의 등선을 표현하여 부드럽고 차분한 느낌을 주는 것이 피마준이다. 반면 수직준은 선을 위에서 아래로 죽죽 내려 그어 강하고 힘찬 느낌을 주어 뾰족한 바위산을 표현할 때 주로 사용한다. 절대준은 수평으로 선을 긋다가 수직으로 꺾어 내리는 것을 반복하여 마치 'ㄱ'자 모양이 겹쳐진 듯 표현한 것이다. 이는 주로 모나고 거친 느낌을 주는 지층이나 바위산을 표현할 때 쓰인다. 미점준은 쌀알 같은 타원형의 작은 점을 연속적으로 찍어 주로 비온 뒤의 습한 느낌이나 수풀을 표현할 때 사용한다.

① 온실 기체의 과도한 증가는 대기의 온난화를 유발한다.

② 우리말과 몽골어, 퉁구스어, 터키어 등은 모두 알타이어에 속한다.

③ 자동차는 기관, 동력전달장치, 차체, 전기장치 등으로 이루어져 있다.

④ 인류 역사의 시대는 흔히 고대, 중세, 근대라는 삼분법으로 나누어 진다.

3 〈보기〉의 설명에 활용된 방식과 가장 가까운 것은?

보기

　1980년대에 생물물리학 분야에서 하나의 전기가 될 만한 일이 일어났는데, 그것은 바로 생체에서 방사되는 미약한 빛, 즉 광자에 대한 연구의 활성화였다. 생체에서 방사되는 광자를 '생체광자'라고 하는데, 이는 화학적 반응 현상인 생체발광에 의해 생겨나는 빛과는 다른 것으로, 빛의 세기는 미약하지만 세포들 간의 통신도 이 빛을 주고받으면서 이루어지는 것으로 밝혀졌다.

① 최근에는 다양한 형태로 로컬 푸드 운동을 실천하고 있는데, 그중 하나가 마트의 직거래 코너 운영이다. 중간 유통 단계를 줄이고 생산자가 직접 물건을 진열, 판매하는 이 방식에 대한 소비자의 반응이 좋다.

② 벌은 꽃을 향해서 곧바로 날아간다. 그것들은 가능하다면 최단거리의 일직선을 택해 날려고 할 것이다. 그러나 나비는 그렇지 않다. 나비는 곧장 꽃을 향해서 나는 법이 없다. 그것들은 위로 아래로 혹은 좌우로 변화무쌍한 곡선을 그린다.

③ '전략적 공약'은 자신의 선택 가능성을 스스로 제한하여 상대를 압박하고, 이를 통해 이익을 추구하는 것을 말한다. 우리의 일반적인 생각과는 달리, 상대의 의사 결정에 따라 자신의 이익이 변하는 경우에는 오히려 자신의 선택 범위를 제한할 때 더 큰 이익을 얻을 수 있다.

④ 책상 앞쪽 모서리보다 뒤쪽 모서리를 더 크게 그린다든지, 뒤로 갈수록 건물의 각도가 넓어지는 등 역원근법적인 방법으로 그렸다. 서양화의 이론에 익숙한 현대인들에게 너무 이상한 그림이다. 이외에도 한 화면에 두세 개의 시점이 존재한다든지, 마치 영화에서 카메라가 사방을 훑고 지나가듯 파노라마식으로 그려진 경우도 있다.

정답 및 해설 24p

1 다음 글과 논증 방식이 가장 가까운 것은?

> 100여 년 전, 독일의 심리학자 링겔만은 줄다리기를 통해 집단에 속한 각 개인들의 공헌도의 변화를 측정하는 실험을 해 보았습니다. 개인이 당길 수 있는 힘의 크기를 100으로 보았을 때, 2명, 3명, 8명으로 이루어진 각 집단은 200, 300, 800의 힘이 발휘될 수 있을 것으로 예상되었습니다. 그러나 실험 결과는 예상과 달랐습니다. 2명으로 이루어진 집단은 잠재적인 기대치의 93퍼센트, 3명으로 이루어진 집단은 85퍼센트, 8명으로 이루어진 집단은 겨우 49퍼센트의 힘의 크기만 발휘되는 것으로 나타났습니다. 집단에 참여하는 개인의 수가 늘어날수록 1인당 공헌도가 오히려 떨어지는 현상이 발생한 것입니다. 이것은 혼자서 일할 때보다 집단에서 함께 일할 때 노력을 덜 기울이기 때문에 나타나는 현상입니다. 이처럼 집단에 참여하는 개인의 수가 늘어갈수록 성과에 대한 1인당 공헌도가 오히려 떨어지는 현상을 '링겔만 효과'라고 부릅니다.

① 철학자 벤담은 고통의 감정을 느낄 수 있는 존재라면 어떤 존재라도 자신의 이익을 추구할 권리가 있고 차별받아서는 안 된다고 주장한다. 동물 역시 인간처럼 고통을 느끼는 존재이며, 인간과 차별받아서는 안 되는 존재이다.

② 고대 문명의 발상지인 이집트 문명과 황하 문명은 유사한 점이 많다. 두 문명은 큰 강 유역에서 발달하여 교통과 농업이 발달했으며, 청동기와 문자가 발견되었다. 이집트 문명이 종교와 정치가 결합되었으므로 황하 문명도 그러할 것으로 추측할 수 있다.

③ 사람들은 자신이 거짓말을 하고 있다는 신호를 다양한 방식으로 드러낸다. 실험 결과 거짓말을 할 때는 단순한 손짓의 횟수가 감소하였고, 얼굴에 손을 대는 자기 접촉의 횟수가 증가하였다. 특히 자신의 코를 만진다든지 입을 가리는 행위가 자주 발견되었다.

④ 전기 자동차는 일반적인 자동차보다 운행 시 오염 물질을 적게 배출하고 에너지 효율이 좋다. 그러나 전기 자동차는 보통 자동차의 가격보다 비싸며 운행에 필요한 에너지 구입 비용, 수리 비용 등의 유지 비용이 크다는 문제가 있었다. 최근 대기질 개선과 온실가스 저감을 위해 전기 자동차 구매 보조금을 지원하는 방안이 확대되면서 전기 자동차 구매율이 높아졌다.

2 〈보기〉와 같은 유형의 논리적 오류에 해당하는 것은?

> **보기**
>
> 저는 대체 휴일 제도에 찬성합니다. 제가 지인들에게 조사한 결과 제 주변 사람들은 모두 대체 휴일 제도에 찬성하였습니다. 이렇게 국민들 대다수가 대체 휴일 제도에 찬성하고 있으므로 시급히 대체 휴일 제도를 실시해야 합니다.

① 그 사람의 말은 들을 필요가 없다. 그는 실업자이기 때문이다.

② 유령은 분명히 있어. 유령이 없다고 증명한 사람이 이제까지 없었거든.

③ 어제 약속을 지키지 않은 것으로 보아 철수는 믿음직하지 못한 친구이다.

④ 제발 저를 풀어 주십시오. 제가 감옥에 들어가면 어린 자식들이 굶어 죽게 됩니다.

3 다음 예문과 같은 유형의 논리적 오류가 나타난 것은?

> ○○ 스마트폰이 세계 표준을 장악했다. 왜냐하면 가장 많이 팔렸기 때문이다. 왜 가장 많이 팔렸느냐 하면 기술 면에서 세계 표준을 주도했기 때문이다.

① 내가 한 말은 모두 사실이야. 왜냐하면 나는 거짓말을 하지 않기 때문이지.

② 이번 학생회장 선거에서 나를 뽑지 않은 것으로 보아 너는 나를 아주 싫어하겠구나.

③ 중세 국어의 변천 과정에 대한 이 책은 내용이 참 좋아. 대통령이 여름휴가 때 읽었기 때문이지.

④ A 학교와 B 학교의 교복 색깔이 비슷하다. 그러므로 A 학교 학생과 B 학교 학생의 품성은 유사할 것이다.

정답 및 해설 25p

해커스공무원

국어 비문학 독해 333

Vol.1

초판 4쇄 발행 2024년 11월 18일

초판 1쇄 발행 2020년 4월 20일

지은이	해커스 공무원시험연구소
펴낸곳	해커스패스
펴낸이	해커스공무원 출판팀

주소	서울특별시 강남구 강남대로 428 해커스공무원
고객센터	1588-4055
교재 관련 문의	gosi@hackerspass.com
	해커스공무원 사이트(gosi.Hackers.com) 교재 Q&A 게시판
	카카오톡 플러스 친구 [해커스공무원 노량진캠퍼스]
학원 강의 및 동영상강의	gosi.Hackers.com

ISBN	979-11-6454-285-7 (13710)
Serial Number	01-04-01

공무원 교육 1위,
해커스공무원 gosi.Hackers.com

해커스공무원

· 필수어휘와 사자성어를 편리하게 학습할 수 있는 **해커스 매일국어 어플**
· 해커스 스타강사의 **공무원 국어 무료 특강**
· 정확한 성적 분석으로 약점 극복이 가능한 **합격예측 모의고사**(교재 내 응시권 및 해설강의 수강권 수록)
· **해커스공무원 학원 및 인강**(교재 내 인강 할인쿠폰 수록)

해커스공무원

국어
비문학 독해

333

Vol.1

정답 · 해설
비문학 지식 암기노트

해설집

해커스공무원

해커스공무원

국어

비문학
독해
Vol.1
333

정답 · 해설
비문학 지식 암기노트

해설집

 해커스공무원

DAY 01 주제 및 중심 내용 파악 ① p. 18

1 ③　　　**2** ③　　　**3** ③

1 [출전] 이재인 〈건축 속 과학 이야기〉

정답 해설

③ 1문단에서는 엘리베이터의 구조를 밝히고, 2문단에서는 장력을 이용한 엘리베이터의 움직임에 대해 설명하고 있다. 또한 3문단에서는 역회전 방지 장치가 엘리베이터 추락 사고를 방지하는 원리에 대해 설명한다. 따라서 글의 전체 내용을 포괄하는 제목으로 가장 적절한 것은 ③이다.

오답 분석

① ④ 엘리베이터의 작동 원리를 말하기 위해 엘리베이터의 구조와 추락 방지 장치에 대해 설명했을 뿐, 글 전체의 내용을 포괄하는 제목으로는 적절하지 않다.

② 엘리베이터의 역사는 제시문에서 언급하지 않은 내용이므로 글의 제목으로 적절하지 않다.

2 [출전] 정병호 〈한국 무용의 미학〉

정답 해설

③ 제시문은 우리 춤을 더욱 아름답고 의미 있게 만들어 주는 구성 요소 중 하나인 '정지'에 대해 설명하고 있다. 이때 '정지'란 멈추기 어려운 순간에 동작을 멈추는 것으로 '마음의 몰입'이 발현된 결과이다. 이렇듯 정지되어 있는 여백의 순간에서도 상상의 선을 만들어 춤을 이어 가는 몰입 현상이 한국 무용의 특성인 것이다. 따라서 글의 주장으로 가장 적절한 것은 ③이다.

오답 분석

① 제시문과 관련이 없는 내용이므로 글의 주장으로 볼 수 없다.

② '정지'는 동작의 연장선상에서 이해해야 하며, 마음의 몰입이 발현된 결과이므로 글의 주장으로 볼 수 없다.

④ 제시문을 통해 멈춰 있는 순간에도 상상의 선을 만들어 춤을 이어 가는 것이 한국 무용의 특성임을 알 수 있다. 따라서 한순간도 쉬지 않는 움직임을 보인다는 내용은 글의 주장으로 적절하지 않다.

3 [출전] 이익섭 〈방언학〉

정답 해설

③ 제시문은 사회 방언이 지역 방언만큼 뚜렷하지 않아 방언 학자들의 주목을 받지 못하였지만 사회에 따라서는 현격한 차이를 보이기도 하고, 최근 사회 언어학이 대두됨에 따라 사회 방언에 대한 관심이 커지고 있음을 설명하고 있다. 따라서 글의 중심 내용으로 가장 적절한 것은 ③이다.

오답 분석

① 첫 문장에서 방언의 종류로서 사회 방언과 지역 방언을 언급했지만, 각 방언의 특징까지 설명하고 있지 않다.

② 제시문은 사회 계층 간의 방언 차이가 존재한다고 말할 뿐, 사회 방언이 발생하는 원인에 대해 설명하고 있지 않다.

④ 사회 방언으로 인해 발생하는 갈등 문제는 제시문에 드러나지 않는다.

DAY 02 주제 및 중심 내용 파악 ② p. 20

1 ②　　　**2** ④　　　**3** ③

1 [출전] 박구용 외 〈공정과 정의 사회〉

정답 해설

② 1문단에서 사회 복지 제도를 급여 전달 형식에 따라 구분하고 2~3문단에서 대표적 사회 복지 제도인 공공부조와 사회보험, 사회수당의 급여 수급 대상 및 지급 방식에 대해 설명하고 있다. 따라서 글의 중심 내용으로 가장 적절한 것은 ②이다.

오답 분석

① 제시문은 공공부조, 사회보험, 사회수당, 사회서비스로 구분된 사회 복지 제도가 다양한 목적을 가지고 운영된다는 것을 설명하고 있다. 그러나 미래를 대비하기 위한 목적으로 운영되는 것은 그중 사회보험에만 해당된다는 것임을 알 수 있다. 따라서 글의 중심 내용으로 ①은 적절하지 않다.

[관련 부분]
- 사회 복지 제도는 ~ 공공부조, 사회보험, 사회수당, 사회서비스로 구분된다.
- 미래의 불확실성과 불안정성에 대비해서 ~ 사회보험 제도를 시행하고 있다.

③ 사회보험 제도가 대부분의 복지국가에 시행하는 제도임은 맞지만 이는 2문단에만 해당되는 내용이다.

④ 제시문에 드러나지 않은 내용이다.

2 [출전] 임석재 〈건축에 담겨 있는 사회 의식〉

정답 해설

④ 1문단에서 긴장감이 느껴지는 건축물에는 사회적 동기가 깔려 있다는 점을 설명하고, 2문단에서 바로크 시대의 건축물을 그 사례로 제시하여 1문단의 내용을 뒷받침하고 있다. 따라서 글의 제목으로 적절한 것은 ④이다.

오답 분석

① 제시문의 주된 내용은 건축의 극적인 요소 그 자체가 아니라 극적인 요소에 반영된 사회적 동기이므로 글의 제목으로는 적절하지 않다.

② 제시문과 관련이 없는 내용이다.

③ 2문단에만 해당하는 내용으로, '긴장감이 느껴지는 건축물에는 사회적 동기가 이면에 깔려 있다'라는 필자의 주장을 강화해 주기 위한 구체적인 사례일 뿐이다.

---

3 [출전] 이운영 〈사전에 없는 말〉

정답 해설

③ 제시문은 '옥탑방', '방울토마토', '제대혈'과 같이 새로이 생겨난 단어는 그것의 사용 범위와 기간에 따라 사전 등재 여부가 결정된다고 설명한다. 따라서 글의 주제로 가장 적절한 것은 ③이다.

오답 분석

① 1문단에서 신어가 생겨나게 된 이유에 대해 예를 들어 설명하고 있으나 글 전체의 내용을 아우르는 주제로 보기 어렵다.

② 제시문과 관련이 없는 내용이다.

④ 2문단에서 '사전에 없는 말'에 대해 설명하고 있을 뿐 '국어사전에서 누락된 단어'를 언급한 부분은 제시문에서 찾을 수 없다.

오답 분석

① ④ 1~2문단에서 지혜를 소유하고 있다는 지적 교만을 비판하고, 이를 '철학의 죽음'으로 비유하였기 때문에 ① ④의 내용은 이 글의 주장으로 보기 어렵다.

③ 1문단에서 소크라테스가 지식을 소유하고 있다고 자만하는 소피스트를 비판했던 사례가 제시되어 있으나, 이는 철학의 어원을 설명한 내용일 뿐 제시문에서 주장하는 바로 볼 수 없다.

---

2 [출전] 이기문 〈국어사 개설〉

정답 해설

③ 제시문은 구개음화의 개념과 구개음화가 일어나는 음운 조건에 대해 설명하고 있으므로 글의 제목으로 적절한 것은 ③이다.

오답 분석

① ② ④ 제시문과 관련이 없는 내용이다.

---

3 [출전] 임석재 〈현대 건축과 뉴 휴머니즘〉

정답 해설

③ 제시문은 외기에 접하는 면적이 넓어 외부로 나가기가 수월한 한옥의 구조적 특징으로 인해 자연환경을 집 안 깊숙이 끌어들일 수 있다고 설명한다. 따라서 답은 ③이다.

오답 분석

① ② 제시문의 일부에 해당하는 내용이므로 이 글의 중심 내용으로 보기 어렵다.

④ 1문단에서 한옥의 여러 방들이 외기에 접하고 있음을 설명하였으나, 방안에 들이기 어려운 손님을 접대하기에 적합하다는 내용은 언급되지 않았다.

DAY 03 **주제 및 중심 내용 파악 ③** p. 22

1 ② **2** ③ **3** ③

1 [출전] 황경식 〈해리의 발견〉

정답 해설

② 제시문은 지혜의 무소유 상태로부터 지혜의 소유 상태로의 과정 속에서 성립하는 것이 철학이며, 지적으로 겸손한 태도를 갖추어야 철학자가 될 수 있다고 설명하고 있다. 또한 지적으로 겸손한 태도를 갖추려면 '무지의 지'에 이르러야 하며, 독단과 편견으로부터 해방되어야 함을 강조하고 있다. 따라서 글에서 주장하는 바로 가장 적절한 것은 ②이다.

DAY 04 **세부 내용 파악 ①** p. 24

1 ③ **2** ④ **3** ②

1 [출전] 이준구 〈경제학원론〉

정답 해설

③ 2문단 끝에서 1~3번째 줄 내용에 따르면 소비자와 생산자가 얻는 편익이 줄어드는 것이 경제적 순손실이고, 이를 최소화하도록 조세를 부과하면 조세의 '효율성'을 높일 수 있다. 따라서 소비자와 생산자가 얻는 편익(경제적 순손실)을 최소화해야 조세의 '공평성'을 확보할 수 있다는 ③의 설명은 적절하지 않다.

[관련 부분] 소비자와 생산자가 얻는 편익이 줄어드는 것을 경제적 순손실이라고 하는데 ~ 이를 최소화하도록 조세를 부과해야 조세의 효율성을 높일 수 있다.

오답 분석

① 3문단 1~3번째 줄에서 확인할 수 있다.

[관련 부분] 조세의 공평성이 확보되면 ~ 조세 저항을 줄일 수 있다. 공평성을 확보하기 위한 기준으로는 편익 원칙과 능력 원칙이 있다.

② 3문단 끝에서 2~3번째 줄에서 확인할 수 있다.

[관련 부분] 이(편익 원칙)는 공공재를 사용하는 만큼 세금을 내는 것이므로 납세자의 저항이 크지 않지만

④ 1문단 끝에서 1~3번째 줄에서 확인할 수 있다.

[관련 부분] 경제적 순손실을 초래하거나 조세를 부과하는 방식이 공평하지 못해 불만을 야기하는 문제가 나타난다. 따라서 조세를 부과할 때는 조세의 효율성과 공평성을 고려해야 한다.

---

2 [출전] 정민 〈고전문장론과 연암 박지원〉

정답 해설

④ 2문단 1~4번째 줄을 통해 김부식이 생필법을 사용하여 온달이 훌륭한 무사로 거듭나는 과정을 생략하였음을 알 수 있다. 따라서 글에 대한 이해로 적절한 것은 ④이다.

[관련 부분] 전에서는 비슷한 내용이 되풀이 될 때 과감하게 어느 하나를 생략하는 생필법을 사용하였다. ~ 온달이 가난을 극복하고 훌륭한 무사로 거듭나는 과정을 생략하였다.

오답 분석

① 1문단을 통해 「온달전」의 기에서는 쌍관법과 예복법이 사용되었고 층첩법은 승에서 사용되었음을 알 수 있다.

[관련 부분]
• 기와 승은 사건의 발단과 전개를 보여주는 부분이다.
• 기에서는 쌍관법으로 두 개의 문짝이 열리듯 온달의 외모와 가난한 행색을 묘사한 뒤
• 서두에 한두 마디 말을 미리 제시해 둔 후 중간과 이것을 호응시킴으로써 맥락을 살아나게 하는 예복법을 사용하였다.
• 승에서는 ~ 번다함을 느끼지 않게 해주는 층첩법을 사용하였다.

② 3문단 마지막 문장을 통해 온달의 관이 움직이지 않은 것은 사랑의 미련 때문이 아님을 알 수 있다.

[관련 부분] 온달이 나라를 위해 몸의 수고를 아끼지 않다가 허망하게 죽었을 때 관이 움직이지 않은 것도 애정에 연연해서가 아니라 살아서의 맹세를 지키겠다는 것 때문이었다.

③ 1문단 첫 문장과 4문단 마지막 문장에서 「온달전」이 기승전결의 구조로 되어 있고 고구려가 강대국이 된 이유를 알린 작품이라는 것을 확인할 수 있다. 그러나 4문단 첫 문장을 통해 「온달전」에는 화려한 표현이 없었음을 알 수 있다.

[관련 부분]
• 「온달전」은 기승전결의 구조로 되어 있다.
• 이러한 걸작(「온달전」)을 통해 고구려가 북방의 강대국이 된 힘의 원천이 무엇이었는지를 제시하고자 한 것이다.
• 「온달전」은 화려하여 이목을 놀라게 하는 표현은 없지만

---

3 [출전] 왕문용 〈언어와 매체〉

정답 해설

② 4문단 마지막 문장에서 실시간으로 자신의 의견을 표현할 수 있는 것은 영상 언어가 아니라 통신 언어임을 알 수 있다.

[관련 부분] 누구나 이러한 통신 언어를 활용하여 정보를 전달하는 주체가 될 수 있고, 또 정보에 대한 자신의 의견을 실시간으로 표현할 수도 있다.

오답 분석

① 4문단 첫 문장에서 확인할 수 있다.

[관련 부분] 통신 언어는 ~ 음성 언어, 문자 언어, 영상 언어의 요소가 다양하게 결합되어 있다.

③ 2문단 1~2번째 줄에서 확인할 수 있다.

[관련 부분] 음성 언어는 말을 하는 순간에 곧 사라지기 때문에 사람들은 말을 기록하여 남기는 방법을 궁리하게 되었고, 그 결과로 만들어진 것이 문자이다.

④ 1문단 끝에서 1~3번째 줄에서 확인할 수 있다.

[관련 부분] 여전히 음성 언어는 얼굴을 마주하고 사용되는 경우가 많다. 그래서 말의 내용 못지않게 ~ 언어 외적인 요소도 매우 중요하다.

DAY 05 세부 내용 파악 ② p. 27

1 ②   **2** ②   **3** ①

---

1 [출전] 곽영직 〈힘, 운동량, 에너지의 삼각관계〉

정답 해설

② 3문단의 마지막 문장에서 최대 정지 마찰력보다 큰 힘을 가할 때 물체가 움직인다는 것을 알 수 있다. 따라서 글을 바르게 이해한 사람은 ② '창섭'이다.

[관련 부분] 그러나 최대 정지 마찰력보다 더 큰 힘을 가하면 물체는 마찰력을 이기고 움직이기 시작한다.

오답 분석

① 제시문의 마지막 문장을 통해 마찰력은 자동차가 움직이기 시작할 때 가장 크다는 것을 알 수 있다.

[관련 부분] 마찰력은 물체가 움직이기 시작할 때 가장 크고,

③ 2문단 2~3번째 줄을 통해 문이 움직이지 않는 것은 문을 민 힘과 마찰력의 크기가 서로 같기 때문임을 알 수 있다.

[관련 부분] 책에 힘을 가했는데도 책이 움직이지 않는 것은 내가 가한 힘과 마찰력이 서로 비겼기 때문이다. 이때 마찰력의 크기는 내가 책에 가한 힘과 같다.

④ 1문단 끝에서 1~3번째 줄을 통해 자동차가 땅을 내려 누르는 힘이 클수록 마찰력이 커지는 것은 맞지만, 바퀴가 땅에 닿는 면적의 크기(표면적 크기)는 마찰력에 영향을 주지 않음을 알 수 있다.

[관련 부분] 내려 누르는 힘이 크거나 표면이 거칠수록 마찰력은 커진다. ~ 물체의 표면적 크기는 마찰력에 영향을 주지 않는다.

2 [출전] 안병직 〈오늘의 역사학〉

정답 해설
② 1문단 끝에서 2~3번째 줄을 통해 미시사가들은 당대 사람들의 일상이 그들에게 주는 의미를 밝히는 것에 관심을 가졌음을 알 수 있다.

[관련 부분] 미시사가들은 의식주, 노동과 여가 생활 같은 일상이 어떻게 이루어졌으며 그것이 개인에게 어떤 의미를 지녔는지에 관심을 가진다.

오답 분석
① 2문단 내용을 통해 포이케르트의 연구 결과는 노동자들의 일기, 사진, 비밀경찰 요원의 첩보 보고서 등의 자료를 바탕으로 진행된 미시사적 관점의 연구 결과였음을 알 수 있다.

③ 1문단 1~3번째 줄에서 미시사는 과거 사람들의 개인적인 자료를 통해 당시 사회의 모습을 재구성한다는 점은 알 수 있으나, 역사를 체계적으로 살펴볼 수 있는지는 확인할 수 없다.

[관련 부분] 미시사는 역사 속에 존재했었지만 거시사에서는 드러나지 않은 평범한 사람들의 삶을 들춰내어 이를 바탕으로 당시 사회의 모습을 재구성하려고 한다.

④ 1문단 첫 문장과 마지막 문장을 통해 미시사는 개인들의 삶에 주목했으며, 과거 사람들의 개인적인 자료들이 유용한 사료가 된다는 점을 알 수 있다.

[관련 부분]
• 미시사는 거시사와 달리 사회 구조보다는 그 속에서 실제로 생활했던 개인들의 삶에 주목한다.
• 따라서 미시사에서는 과거에 살았던 사람들이 남긴 수첩이나 일기와 같은 개인적인 자료들이 오히려 유용한 사료가 된다.

3 [출전] 이정우 〈사건의 철학〉

정답 해설
① 끝에서 3~4번째 줄을 통해 들뢰즈는 '자연과 문화의 차이'가 아닌 '문화적 장'을 '의미'의 규정 기준으로 보았음을 알 수 있다. 따라서 답은 ①이다.

[관련 부분] 들뢰즈는 이 '의미' 그 자체는 규정된 것이 아니지만 '문화적 장(場)'이 '의미' 규정의 기준이 된다고 말한다.

오답 분석
② 끝에서 1~3번째 줄을 통해 확인할 수 있다.

[관련 부분] '문화적 장'이란 정치, 역사, 예법 등 인간의 삶에 이미 형성되어 있는 모든 것을 뜻하는데, '사건'으로서의 규정되지 않은 '의미'는 이 '문화적 장'에 편입될 때 비로소 규정된 '의미'가 된다.

③ 4~5번째 줄을 통해 알 수 있다.

[관련 부분] '사건'이란, 인간이 세계에 존재한다는 것을 전제로 자연의 변화와 생성이라는 현상 그 자체에서 발생하는 그 무엇이고, 들뢰즈는 이를 '의미'라고 지칭한다.

④ 1~3번째 줄을 통해 확인할 수 있다.

[관련 부분] 앞의 세 이론들은 의미를 문화의 차원을 중심으로 설명하려 하지만, 들뢰즈는 자연과 문화의 차원을 포괄하는 좀 더 근원적인 차원에서 의미의 개념을 규정한다.

---

1 ② **2** ④ **3** ④

1 [출전] 조용진 〈동양화란 어떤 그림인가〉

정답 해설
② 제시문에서 한국화에 영향을 준 서양화의 특징은 드러나지 않는다.

오답 분석
① 1문단 끝에서 1~3번째 줄을 통해 질문의 답을 확인할 수 있다.

[관련 부분] 우리의 전통적 작화 재료인 먹과 한지, 한국화 물감을 사용해 표현했으면 ~ 한국에서만 써 오던 전통적인 방법을 그대로 유지하고 있다면 더욱 명확하게 한국화가 되는 것이다.

③ 3문단 1~3번째 줄에서 질문의 답을 확인할 수 있다.

[관련 부분] 이때는 작자 본인의 의도가 중시되어야 할 것이다. 평소 어떤 양식을 주로 그리는 화가인가, 또 작자 자신이 어떤 양식을 염두에 두고 작품 제작을 했는가, 작자 자신이 어떤 양식으로 분류하고 싶은가에 따라 결정될 수 있다.

④ 2문단 1~3번째 줄에서 질문의 답을 확인할 수 있다.

[관련 부분] 요즘은 그리는 재료가 다양해지고 그리는 방법이 수없이 분화됨에 따라, 세부적으로 따져 보면 어떤 것이 한국화이고 어떤 것이 서양화인지 구분하기가 어려워진다.

2 [출전] 고영근 〈표준문법론〉

정답 해설
④ 제시문 마지막 문장을 통해 중세 국어에서 미래 시제를 표현할 때 선어말 어미 '-리-'를 사용했다는 것을 확인할 수 있다. 그러나 3문단 1~2번째 줄을 통해 현대 국어에서 미래 시제를 표현할 때 선어말 어미 '-겠-'만 사용한다는 설명은 글의 내용에 부합하지 않는다는 것을 확인할 수 있다.

[관련 부분] 이를 표현하는 선어말 어미로는 보편적으로 '-겠-'이 사용되며, '-(으)리-'가 사용되어 예스러운 의미를 나타내기도 한다.

오답 분석
① 2문단 첫 문장과 마지막 문장에서 확인할 수 있다.
[관련 부분]
• 현재 시제는 일반적으로 사건시와 발화시가 일치하는 시간 표현이다.
• 현재 시제가 사용된 표현은 보편적인 사실과 미래에 예정된 일을 나타낼 때에도 사용된다.

② 과거, 현재, 미래 시제 모두 시간 부사어와 결합하여 의미가 구체화되기도 한다.
[관련 부분]
• 그리고 '어제', '옛날'과 같은 시간 부사어와 결합하여 그 의미가 구체화되기도 한다.
• '지금'과 같은 시간 부사어와 결합하여 그 의미가 구체화되기도 한다.
• 미래 시제는 '내일'과 같은 시간 부사어와 결합하여 그 의미가 구체화되기도 한다.

③ 1문단 끝에서 2~3번째 줄에서 확인할 수 있다.
[관련 부분] 과거 시제 선어말 어미 중 '-더-'는 발화자가 과거에 경험한 일을 회상할 때 쓰이는데, 주어가 1인칭인 경우 쓰임에 제약이 따르기도 한다.

3 [출전] 정희원 〈외래어의 개념과 범위〉

정답 해설

④ 제시문에서 외래어가 사람들에게 고유어처럼 인식되어야 한다는 내용은 찾을 수 없으므로 답은 ④이다.

오답 분석

① 4문단 3~4번째 줄의 내용과 일치한다.
[관련 부분] 문법 면에서의 동화는 원어에서 가졌던 문법적 특징이 없어지고 우리말의 특징을 갖게 되는 것을 말한다.

② 외래어는 '쓰임의 조건'과 '동화의 조건'을 충족하여 국어의 일부로 받아들여진 말이다. 이때 '동화의 조건'은 해당 단어가 우리말의 특징을 지니게 되는 것을 말하며, 이러한 동화의 세 가지 측면(음운, 문법, 의미) 중 하나인 '음운상의 동화'는 원래 발음이 우리말 소리로 바뀌는 것을 뜻한다. 이는 곧 외래어가 우리말의 음운상 특징을 지니게 됨을 의미한다.

③ 1문단 끝에서 1~2번째 줄과 2문단 1~2번째 줄의 내용과 일치한다.
[관련 부분]
• 외래어는 외국에서 비롯되긴 했으나 국어의 일부로 받아들여진 말이라는 것이다.
• '국어의 일부로 받아들여진 말'이라는 정의가 의미하는 것은 무엇인가? '국어화'한 말이라는 뜻이다.

DAY 07 세부 내용 파악 ④   p. 32

1 ④   **2** ③   **3** ②

1 [출전] 이준구 〈경제학원론〉

정답 해설

④ 2문단 5~6번째 줄에서 사람들은 '일시소득'이 감소하더라도 '항상소득'이 일정하다면 미래에 얻을 소득을 기대하고 종전과 비슷한 소비 수준을 유지한다는 것을 알 수 있다.

오답 분석

① 2문단 3번째 줄, 마지막 문장에서 확인할 수 있다.
[관련 부분]
• 항상소득이론에 따르면 항상소득의 변화와 일시소득의 변화가 소비 결정의 중요한 요인이며,
• 결국 항상소득이론은 항상소득의 변화와 일시소득의 변화와 소비 결정의 중요한 요인으로 보았던 것이다.

② 1문단 첫 문장에서 확인할 수 있다.
[관련 부분] 소비를 결정하는 요인들이 무엇이며, 그 요인들과 소비 사이에는 어떤 관계가 성립하는가의 문제를 다루는 이론을 소비이론이라고 부른다.

③ 1문단 끝에서 2~3번째 줄에서 확인할 수 있다.
[관련 부분] 즉 개인의 현재 소득 중 임의로 사용할 수 있는 소득의 양이 소비를 좌우한다는 의미이다.

2 [출전] 한국철학사상연구회 〈논쟁으로 보는 한국철학〉

정답 해설

③ 끝에서 1~4번째 줄을 통해 낙론 계열의 학자는 기(氣)와 결합하기 이전이든 이후든 이(理)는 변하지 않으므로 만물의 본성이 동일하다고 주장하였음을 알 수 있다. 따라서 답은 ③이다.
[관련 부분] 이(理)는 기(氣)와 결합되기 이전이든 이후든 동일하다고 보았다. 그들(낙론 계열의 학자)은 기(氣)가 다르다고 해서 기(氣)와 결합한 이(理)가 달라진다고 생각해서는 안 된다고 강조했다. ~ 만물의 본성은 동일하다고 주장하였다.

오답 분석

① ② 제시문 내용을 통해 알 수 없다.

④ 4~5번째 줄에 따르면 호론 계열의 학자들은 만물에 부여된 기(氣)가 개체마다 다르므로 성(性)은 사람과 사람 사이에도 차이가 난다고 보았다.

3 [출전] 곽영직 〈우주의 진짜 지배자, 암흑 에너지〉

정답 해설

② 2문단 끝에서 1~4번째 줄을 통해 과학자들이 우주의 팽창 속도를 빠르게 하는 힘을 암흑 에너지라고 부른다는 것을 알 수 있다.
[관련 부분] 우주의 팽창 속도는 느려지는 것이 아니라 빨라지고 있었다. ~ 이것은 우주 중간이 에너지를 가지고 있다는 것을 의미한다. 과학자들은 이 에너지를 암흑 에너지라 부르기 시작했다.

오답 분석

① 1문단 끝에서 1~2번째 줄을 통해 과학자들은 눈에 보이지 않지만 우주의 질량을 증가시키는 물질을 암흑 물질이라고 불렀음을 알 수 있다. 그러나 눈에 보이지 않는다는 것이 눈에 보이지 않을 정도로 작다는 의미인지는 알 수 없다.

③ 2문단 1~2번째 줄에서 슈미트와 크리슈너가 초신성을 관측했다는 것은 확인할 수 있으나, 대폭발 이론을 반박했다는 내용은 제시문에서 확인할 수 없다.

④ 2문단의 내용에서 과학자들은 암흑 물질 때문에 우주의 팽창이 느려진다는 가설을 세웠지만 오히려 암흑 에너지로 인해 팽창이 빨라지고 있다는 연구 결과를 얻었음을 알 수 있다.

DAY 08 세부 내용 파악 ⑤   p. 34

1 ④   **2** ④   **3** ②

1   [출전] 정영규 〈경제학원론〉

정답 해설

④ 2문단에서 수입 수량을 제한할 경우 수입량이 감소하고, 수요에 비해 공급이 부족해지면 국내 가격이 상승하게 된다는 것을 알 수 있다. 따라서 글의 내용을 잘못 이해한 사람은 ④ '아연'이다.

[관련 부분]
- 수입 수량을 제한할 경우에는 ~ 수입량이 감소하게 된다.
- 국내 생산량에 변함이 없고 수입도 일정량만 할 수 있다면 수요에 비해 공급이 부족한 상황이 된다. 그러면 국내에서의 포도주 가격이 상승하게 되고

오답 분석

① 3문단 2~3번째 줄에서 확인할 수 있다.
  [관련 부분] 수입 상품의 가격 상승분은 관세를 부과하는 경우에는 정부의 수입이 되는 반면에

② 1문단 2번째 줄에서 확인할 수 있다.
  [관련 부분] 관세가 부과되면 해당 상품의 국내 가격이 상승하여 수요가 감소하게 되고

③ 4문단 끝에서 2~3번째 줄에서 확인할 수 있다.
  [관련 부분] 장기적인 흑자는 국내 경기를 과열시키고 물가를 상승시킬 우려가 있고 거래 상대국과의 마찰을 초래할 수 있다.

2   [출전] 임지룡 〈인지의미론〉

정답 해설

④ 4문단 마지막 문장을 통해 계통이 다른 언어를 사용하는 두 사람이 영상도식을 통해 동일한 단어를 인지하더라도 그 단어의 내포적 의미는 서로 다를 수 있음을 알 수 있다. 따라서 글의 내용으로 적절하지 않은 것은 ④이다.

  [관련 부분] 영상도식과 같은 인지모형은 문화 의존적인 성격을 띠고 있어, 계통을 달리하는 언어들 간에 개념적 의미가 같은 단어일지라도 그 안에 담겨 있는 내포적 의미까지 동일하다는 보장은 없다.

오답 분석

① 1문단 2~3번째 줄에서 확인할 수 있다.
  [관련 부분] 영상도식은 구체적인 신체 경험과 관련해서 형성되는 심적 표상의 일종이자 인지 구조로,

② 2문단에서 확인할 수 있다.
  [관련 부분] '그릇 도식'은 '안', '밖'의 구조로 이루어진 도식으로서, 두 가지 유형이 있다. '그릇으로서 몸' 도식은 자기의 몸을 하나의 그릇으로 본다. ~ '그릇 속의 몸' 도식은 자기의 몸을 그릇 속의 내용물로 경험하는 것이다.

③ 3문단 첫 문장에서 확인할 수 있다.
  [관련 부분] 중용과 균형을 긍정적인 것으로, 지나침과 불균형은 부정적인 것으로 보는 '균형도식'과,

3   [출전] 고영근 〈파생어 형성 규칙의 제약〉

정답 해설

② 2문단 끝에서 2~4번째 줄을 통해 척도명사 파생에서는 긍정적인 의미나 가치를 지니는 어근만 사용된다는 것을 알 수 있다. 따라서 부정적인 의미를 가진 어근도 척도명사로 파생될 수 있다는 ②의 설명은 글의 내용과 일치하지 않는다.

  [관련 부분] '짧이*', '낮이*', '얕이*'가 성립하지 않는 것에서 알 수 있듯이 척도명사 파생에서는 긍정적인 의미 내지 가치를 지니는 어근만이 사용된다.

오답 분석

① 2문단 1~2번째 줄을 통해 알 수 있다.
  [관련 부분] '-이'는 어근이 자음으로 끝날 때만 결합한다는 제약을 갖는다.

③ 2문단 마지막 문장을 통해 알 수 있다.
  [관련 부분] 어근의 의미상 특질에 따라 파생어의 형성이 허용되거나 제약되는 것을 의미론적 제약이라 부른다.

④ 2문단 5~6번째 줄을 통해 알 수 있다.
  [관련 부분] '맨-'뿐 아니라 대부분의 파생접사들은 특정한 품사의 어근과만 결합한다. 이를 형태·통사론적 제약이라 부른다.

DAY 09 세부 내용 파악 ⑥   p. 37

1 ③   **2** ②   **3** ③

1   [출전] 이창덕 〈삶과 화법〉

정답 해설

③ 마지막 문장에서 어떤 말을 직접 듣는 것보다 다른 사람에게 전해 듣는 것이 기분 나쁜 이유가 말하는 상황에서 전달되는 메타메시지를 공유할 수 없기 때문임을 알 수 있다. 따라서 글의 내용과 부합하지 않는 것은 ③이다.

  [관련 부분] 아무리 도움이 되는 말이라도 직접 면전에서 듣는 것보다 다른 누군가를 통해서 전해 듣는 것이 기분 나쁜 이유는 말하는 상황 자체에서 전달되는 메타메시지를 공유할 수 없기 때문이다.

오답 분석

① ② 1문단 2~5번째 줄을 통해 확인할 수 있다.
  [관련 부분] 사람들은 의사소통 과정에서 언어적 메시지뿐만 아니라 음성언어에 수반되는 강세, 어조, 억양 등의 반언어적 특질, 몸짓이나 얼굴 표정 등의 비언어적인 특질 등에 의해서 표현되는 화자의 느낌, 태도라는 메타메시지(meta-message)를 함께 전달한다.

④ 2문단 첫 문장을 통해 확인할 수 있다.
  [관련 부분] 실제 의사소통의 상황에서 메시지를 수용하는 수신자는 어떤 면에서 언어적 메시지보다는 메타메시지에 더 민감한 반응을 보인다.

2 [출전] 이관규 〈학교문법론〉

정답 해설
② 중의성을 해소하는 방법에 대한 내용은 제시문에 드러나지 않는다.

오답 분석
① 1문단 첫 문장에서 중의문의 개념을 확인할 수 있으며 2문단에서는 중의문의 종류를 알 수 있다.

[관련 부분]
• 의미가 여러 개로 해석될 수 있는 문장을 중의문(重義文)이라고 한다.
• 국어에서 중의문이 이루어지는 방법은 크게 네 가지이다. 첫째는 단어의 중의성, 둘째는 문장 구조 차이로 인한 중의성, 셋째는 부정 표현으로 인한 문장의 중의성, 마지막으로는 상황에 따른 중의성을 들 수 있다.

③ 1문단 첫 문장을 통해 알 수 있다.

[관련 부분] 어느 한 단어나 문장이 두 가지 이상의 의미로 해석될 때, 이를 중의적 표현이라 하며 의미가 여러 개로 해석될 수 있는 문장을 중의문(重義文)이라고 한다.

④ 1문단 2~3번째 줄과 3문단의 내용에서 알 수 있다.

[관련 부분]
• 중의문은 ~ 청자가 화자의 의도와 뜻을 이해하는 데 혼동을 일으킬 수 있다.
• 중의문은 확실히 의사소통에 크나큰 장애 요소가 아닐 수 없다. 따라서 중의성을 점검하는 일차적인 목표는 그러한 장애를 해소하려는 데 두어야 한다.

3 [출전] 임석재 〈우리 옛 건축과 서양 건축의 만남〉

정답 해설
③ 4문단에서 궁궐 월랑이나 돌담은 왕의 경호라는 보안상의 이유로 모서리가 닫혀 있음을 알 수 있다. 따라서 제시된 글에 대한 설명으로 적절하지 않은 것은 ③이다.

[관련 부분] 모서리가 닫히는 경우도 있는데 궁궐의 월랑(月廊)이나 돌담 그리고 한옥의 안채 등이 그 대표적인 예가 될 것이다. 궁궐은 왕의 경호라는 보안상의 이유로, 한옥의 안채는 살림의 편의성 확보를 이유로 그러했을 것이다.

오답 분석
① 1문단 2번째 줄을 통해 확인할 수 있다.

[관련 부분] 서양 전통 건축에서는 모서리가 딱 맞지 않으면 불완전한 것으로 받아들였다.

② 3문단 마지막 문장을 통해 확인할 수 있다.

[관련 부분] 서양 건축에서 주재료로 사용되는 돌은 건물의 불투명성과 폐쇄성을 배가시키는 역할을 한다.

④ 2문단 마지막 문장을 통해 확인할 수 있다.

[관련 부분] 모서리가 잘 봉합된 서양 전통 건축의 공간은 개인의 사생활을 중요시하고 삶에서 편리성을 추구하는 서양인의 생활 방식에 잘 맞는 구조인 것이다.

DAY 10 세부 내용 파악 ⑦   p. 39

1 ③   **2** ②   **3** ④

1 [출전] 이익섭 〈국어학개설〉

정답 해설
③ 3문단 2~3번째 줄을 통해 언어마다의 단어장을 비교해보면 그 언어의 어휘 구조의 특징을 파악할 수 있다는 것을 알 수 있으므로 글을 통해서 답을 찾을 수 있는 질문은 ③이다.

[관련 부분] 언어마다 단어장의 크기가 다른데, 그것을 비교해보면 그 언어의 어휘 구조의 특징을 파악할 수 있다.

오답 분석
① ② ④ 제시문에 드러나지 않은 내용이다.

2 [출전] 이규태 〈헛기침으로 백마디 말을 한다〉

정답 해설
② 마지막 문단의 3번째 줄에서 한국인이 눈이나 귀가 입보다 말을 많이 한다는 것을 확인할 수 있으므로 글의 내용과 일치하는 것은 ②이다. 이때, 눈이나 귀로 말한다는 것은 '말로 하는 의사소통'이 아닌 '통찰의 의사소통'을 의미한다.

[관련 부분] 한국인은 이렇게 눈이나 귀가 입보다 말을 많이 한다.

오답 분석
① 마지막 문단 끝에서 1~2번째 줄을 통해 한국인은 말이 없는 '통찰의 의사소통'을 주로 사용한다는 것을 알 수 있다. 따라서 언어적 표현을 중점적으로 사용한다는 설명은 적절하지 않다.

[관련 부분] 즉, 한국인의 언어 사용은 말없는 '통찰의 의사소통'이 '말로 하는 의사소통'의 분량보다 한결 많다는 점에서 그 특수성을 찾아볼 수 있는 것이다.

③ 제시문에서 '통찰의 의사소통'이 '말로 하는 의사소통'보다 분량이 많다는 것이 한국인의 언어 사용에서 찾을 수 있는 특수성임을 알 수 있다. 그러나 한국인이 '통찰의 의사소통'을 사용하여 신중하게 말을 하는 편인지는 알 수 없다.

④ 제시문에서 확인할 수 없는 내용이다.

3 [출전] 이준구 〈경제학 들어가기〉

정답 해설
④ 2문단 1~3번째 줄과 6~7번째 줄에서 재량적 재정정책은 내부시차가 길고 외부시차가 짧은 반면, 통화정책은 내부시차가 짧고 외부시차가 길다는 사실이 드러난다. 따라서 제시문에서 재량적 재정정책과 통화정책의 차이점을 확인할 수 있으므로 답은 ④이다.

[관련 부분]
- 재량적 재정정책의 경우 ~ 입법과정과 국회의 동의 절차를 거쳐야 하기 때문에 내부시차가 길다. 이에 비해 통화정책은 ~ 정부의 의지만으로 수립·집행될 수 있기 때문에 내부시차가 짧다. 또한 재량적 재정정책은 외부시차가 짧다.
- 반면 통화정책은 ~ 외부시차가 길다.

오답 분석

① ② ③ 제시문을 통해 알 수 없는 내용이다.

DAY 11 세부 내용 파악 ⑧ p. 42

1 ①   **2** ③   **3** ③

1 [출전] 곽영직 〈힘, 운동량, 에너지의 삼각관계〉

정답 해설

① 1문단 마지막 문장을 통해 속도가 빠른 쪽의 유체 압력이 느린 쪽의 유체 압력보다 낮음을 알 수 있다. 따라서 제시문에서 알 수 있는 내용이 아닌 것은 ①이다.

[관련 부분] '속도가 빠른 쪽의 유체 압력이 느린 쪽의 유체 압력보다 낮다.'는 '베르누이 정리'로 설명할 수 있다.

오답 분석

② 2문단 1~2번째 줄을 통해 알 수 있다.

[관련 부분] 만약 공이 회전하지 않고 날아가면 공의 양쪽으로 흐르는 공기의 속도가 같아 압력 차이가 발생하지 않는다.

③ 3문단 3~4번째 줄을 통해 알 수 있다.

[관련 부분] 속도가 느려져 공 주변의 난류가 사라지면 압력 차이가 커지므로 공이 휘면서 날아간다.

④ 3문단 끝에서 2~3번째 줄을 통해 알 수 있다.

[관련 부분] 베르누이 정리와 난류에 관한 역학(力學)을 이용하면 바나나킥의 원리를 쉽게 설명할 수 있다.

2 [출전] 소흥렬 〈논리와 사고〉

정답 해설

③ 2문단 1~3번째 줄에서 명제의 주어나 술어 개념이 그 대상의 전부를 지칭할 때 '주연되었다'라고 한다는 것을 알 수 있다. 따라서 명제의 목적어 개념이 그 대상의 전부를 지칭할 때 '주연되었다'라고 한다는 ③은 글의 내용으로 적절하지 않다.

[관련 부분] 주연은 명제에서 주어 개념이나 술어 개념이 ~ 그 대상의 전부를 지칭하도록 사용되었을 때 '주연되었다'고 하고

오답 분석

① 2문단 첫 문장을 통해 알 수 있다.

[관련 부분] 삼단 논법의 타당성을 결정하는 요소들 중 하나는 주연(周延)이다.

② 1문단 2~3번째 줄을 통해 알 수 있다.

[관련 부분] 논리학에 있어 타당성은 추론 절차의 올바름을 뜻하며, 이는 명제의 참·거짓과는 관계가 없다.

④ 1문단 1~2번째 줄을 통해 알 수 있다.

[관련 부분] 삼단 논법이란 ~ 전제가 모두 참일 때 거짓인 결론이 도출될 수 없는 추론 형식을 타당하다고 한다.

3 [출전] 이익섭 〈다의어〉

정답 해설

③ 2문단 첫 문장에서 의미의 유사성만으로는 두 단어의 의미 관계를 구분하기 어려울 때가 있다고 하였으므로 답은 ③이다.

[관련 부분] 의미의 유사성이라는 기준이 늘 선명하고 객관적일 수 없어 두 의미의 관계가 '동음이의'의 관계인지 '다의'의 관계인지를 구분하기가 어려울 때가 있다.

오답 분석

① 1문단 마지막 문장을 통해 '버선코'의 '코'는 신체기관으로서의 '코'와 다의 관계이지만, '그물코'의 '코'는 '코'와 동음이의 관계라는 것을 알 수 있다.

[관련 부분] 신체기관인 '코'와 '버선코'의 '코'는 다의 관계라고, '그물코'의 '코'는 동음이의 관계라고 말할 수 있다.

② 제시문에서 확인할 수 없는 내용이다.

④ 2문단 마지막 문장을 통해 두 단어의 어원이 같다면 의미가 다소 다르더라도 다의 관계로 본다는 것을 알 수 있으므로 동음이의 관계로 볼 수 있다는 설명은 적절하지 않다.

[관련 부분] 어원적으로 같았던 단어이면 현재 의미가 다소 멀더라도 한 단어의 다의 관계로 보고,

DAY 12 관점과 태도 파악 ① p. 44

1 ④   **2** ②   **3** ④

1 [출전] 조용진 〈동양화란 어떤 그림인가〉

정답 해설

④ 필자는 2문단에서 감상자가 시원함을 느낄 수 있으며, 그림 속 경물들이 세밀하고 빽빽하게 그려져 있더라도 복잡하거나 산만하게 보이지 않는 이유가 여백 때문이라고 설명한다. 따라서 여백이 감상자로 하여금 시원함을 느끼게 하는 것은 맞으나, 산만함을 느끼게 한다는 것은 필자의 견해로 보기 어렵다.

[관련 부분] 화면의 여러 부분을 비워 둠으로써 여백은 화면에 여유와 편안함을 주고 이로 인해 감상자는 시원함을 느끼게 된다. ~ 산만하게 보이지 않는 것은 바로 이 여백이 있기 때문이다.

오답 분석

① 1문단을 통해 확인할 수 있다.

[관련 부분] 이 여백은 다양하게 표현된다. 화면 한쪽을 넓게 비워 놓는 큰 여백이 있는가 하면, ~ 드러남에 대비되는 감춤으로 여백 표현을 대신하기도 한다.

② 3문단 첫 문장을 통해 확인할 수 있다.

[관련 부분] 여백은 화면에 여유와 안정감을 주면서 독자의 상상력을 자극하는 효과를 갖는다.

③ 2문단 마지막 문장을 통해 확인할 수 있다.

[관련 부분] 산수화에서의 여백은 세밀하게 표현된 경물들을 산만하지 않게 잘 정리해 주어 화면 전체에 안정감을 제공한다.

2 [출전] 천소영 〈한국어와 한국문화〉

정답 해설

② 글쓴이는 우리말에 우리 민족의 삶(농경 문화)과 사고방식(낙천적이고 정서적·감각적임)이 반영되었다고 말한다. 따라서 글쓴이의 입장에 부합하는 것은 ②이다.

[관련 부분]
- 이처럼 우리말은 농경 문화의 특성이 반영되어
- 우리 민족은 본래 풍류를 즐기는 낙천적인 민족으로, 정서적이고 감각적인 편이었다. 이러한 특징이 언어에 반영되어

오답 분석

① 글쓴이는 3문단 첫 문장에서 우리말은 감각어가 발달된 언어라고 말하고 있다. 그러나 우리말이 다른 언어에 비해 감각어가 발달되었는지는 제시문을 통해 확인할 수 없다.

③ 제시문에서 알 수 없는 내용이다.

④ 4문단에서 계절 감각을 잘 드러내는 우리말 중 감정 이입법이 사용된 것으로 '꽃샘'을 설명하고 있으나 이러한 표현 방식이 우리말에서만 나타나는지는 제시문을 통해 확인할 수 없다.

3 [출전] 이인식 〈세계를 바꾼 20가지 공학 기술〉

정답 해설

④ 필자는 고려 말, 조선 초 유교적 이상 국가를 건설하는 데에 한국의 금속 활자 인쇄술이 크게 기여한 점을 근거로 우리 인쇄술이 평가 절하되는 것에 대해 반박하고 있다.

오답 분석

① 필자는 사회적·역사적 배경을 고려하지 않고 구텐베르크의 인쇄술을 바라보는 동일한 시각으로 우리나라의 금속 활자를 평가하는 태도를 문제 삼고 있다.

② 제시문에서 확인할 수 없는 내용이다.

③ 유교적 이상 국가 건설이라는 역사적 변화에 기여했다는 점을 근거로 한국 금속 활자 인쇄술의 역사적 의미를 밝히고 있으나, 한국의 금속 활자 인쇄술이 조선의 근대화 과정을 촉진시켰다는 내용은 제시문에서 확인할 수 없다.

1 ③   **2** ②   **3** ②

1 [출전] 김기봉 〈'역사란 무엇인가'를 넘어서〉

정답 해설

③ 1문단 마지막 문장에서 랑케는 사료에 대한 철저한 고증과 확인을 통해 역사를 객관적으로 인식해야 한다고 주장했음을 알 수 있다.

[관련 부분] 역사가는 사료에 대한 철저한 고증과 확인을 통해 역사를 인식해야 하며, 목적을 앞세워 역사를 왜곡하지 말아야 한다고 보았다.

오답 분석

① 3문단 4번째 줄에서 드로이젠은 역사가의 주관이 개입하기 이전에 범주로서의 역사가 먼저 작용한다고 보았다. 이는 범주로서의 역사가 역사가의 인식을 규정한다는 것을 의미하므로 ①의 설명은 적절하지 않다.

[관련 부분] 범주로서의 역사라고 하는 것이 역사가의 역사인식을 선험적으로 규정한다고 본 것이다.

② 1문단 3~4번째 줄에서 랑케는 과거의 역사적 사실을 그대로 기술하는 것이 역사가의 몫이라고 믿었음을 알 수 있다. 따라서 역사적 사실을 일정한 기준이나 원칙 없이 임의로 기술하는 것은 랑케가 주장하는 바와 거리가 멀다.

[관련 부분] 과거의 역사적 사실을 그대로 기술하는 것이 역사가의 몫이라고 주장했다.

④ 2문단 마지막 문장에서 드로이젠은 사료 고증만으로는 과거에 대한 부분적이고 불확실한 설명을 찾아낼 수 있다고 하였으므로 ④의 설명은 적절하지 않다.

[관련 부분] 객관적 사실을 파악하기 위한 사료 고증만으로는 과거에 대한 부분적이고 불확실한 설명을 찾아낼 수 있을 뿐이라고 했다.

2 [출전] 이정우 〈개념-뿌리들〉

정답 해설

② 2문단의 끝에서 1~3번째 줄을 통해 플라톤이 생각하는 아낭케는 이상적인 목적인 '형상'이 현실에서 구현되기 위해 반드시 있어야 하는 '질료적 조건으로서의 필연'이자 질료가 지니는 한계로 인해 '극복해야 할 어떤 것'이라는 의미를 동시에 지닌다는 것을 알 수 있다. 따라서 답은 ②이다.

오답 분석

① 2문단 1~2번째 줄을 통해 목적론적 관점에서 아낭케는 이상적인 목적인 '형상'이 현실에 구현되기 위해 필요한 조건이지 현실을 그대로 표현하기 위해 필요한 존재로 본 것이 아님을 알 수 있다.

[관련 부분] 이와 달리 목적론적 관점에서 아낭케는 질료적 조건이라는 의미의 필연을 뜻한다. 여기서 '질료(質料)'는, 이상적인 목적인 '형상(形相)'이 현실에서 구현되기 위해 필연적으로 존재하는 조건이다.

③ 1문단에서 데모크리토스는 이성의 작용을 일종의 원자 운동이라고 생각했으며, 이러한 역학적 인과 관계의 법칙성을 아낭케로 규정하였음을 알 수 있다.

[관련 부분] 이성의 작용도 일종의 원자 운동이라고 본 데모크리토스는 ~ 역학적 인과 관계의 법칙만을 인정한다. 이런 법칙성이 바로 기계론적 관점에서 말하는 아낭케이다.

④ 제시문에서 확인할 수 없다.

3 [출전] 이장호 〈상담 심리학의 기초〉

정답 해설

② '로저스'가 주장한 인간중심적 상담에서는 사람은 외적으로 부여된 가치에 맞추어 살려고 하기 때문에 자기가 타고난 가능성과 잠재력을 발견하지 못해 심리적 문제를 겪는다고 보았다. 이는 곧 '내담자'가 자신의 잠재력을 발견하게 되면 심리적 문제를 해결할 수 있다는 것을 의미한다. 따라서 '상담자'가 자신의 잠재력을 깨닫는 것이 중요하다는 ②의 내용은 '로저스'의 견해로 볼 수 없다.

[관련 부분] 인간중심적 상담에서는 사람은 외적으로 부여된 가치에 맞추어 살려고 하기 때문에 자기가 타고난 가능성과 잠재력을 발견하지 못하고 심리적 문제를 겪는다고 보았다.

오답 분석

① 마지막 문장에서 확인할 수 있다.

[관련 부분] 인간중심적 상담은 이전의 상담과 달리 상담 기법보다는 상담 태도에, 문제 해결보다는 내담자 자체에 초점을 두었다.

③ 첫 문장에서 확인할 수 있다.

[관련 부분] 1940년대에 로저스는 ~ 인간을 '자신의 가능성과 잠재력을 발견하고 실현할 수 있는 존재'로 간주하는 인간중심적 상담을 주장했다.

④ 4~6번째 줄에서 확인할 수 있다.

[관련 부분] 따라서 상담자는 내담자를 대할 때 가식이나 겉치레 없는 진솔한 태도를 보이며, 어떠한 전제나 조건을 달지 않고 이야기를 들어주고 세심하고 정확하게 이해해 주는 공감적 태도를 취한다.

DAY 14 관점과 태도 파악 ③   p. 48

1 ①   **2** ③   **3** ②

1 [출전] 권근 〈주옹설〉

정답 해설

① '주옹'은 평탄한 땅에서 편하게 사는 사람들을 비판하며 늘 조심하고 경계하는 삶을 살아야 한다고 주장한다. 또한 스스로 중심을 잃지 않고 평정을 지키는 중용의 자세를 지향하고 있다. 따라서 편안한 생활에 익숙해져서 나태해진 ① '혜정'은 '주옹'이 비판하는 대상으로 가장 적절한 사람이다.

[관련 부분]
- 편안함을 추구하는 세태 비판
  - 평탄한 육지를 밟으면 태연히 여겨 방심하게 되고, 험한 지경에 처하면 떨고 두려워하게 되나니, 떨고 두려워하게 되면 조심하여 지킬 수 있으려니와, 태연히 여겨 방심하면 반드시 방탕하여 위태롭게 된다.
  - 대개 내가 배에 있으면서 세상 사람들을 보니, 편한 것을 믿고 서환란을 생각하지 않으며, 욕심을 마음껏 부리면서 종말을 생각하지 않다가, 함께 빠져 망하는 자가 많다. 손은 어찌 이를 두려워하지 않고 도리어 나를 위태롭다 하는가!
- 평정을 지키는 삶
  - 좌우로 기울지도 않고, 무겁지도 가볍지도 않게 그 중심을 지켜 평형을 잡은 뒤에야 기울어지지 않아서 내 배의 평온을 지키게 되니, 아무리 거센 풍랑인들 어찌 내 마음의 홀로 편안한 바를 요동시킬 수 있겠는가!

오답 분석

② ③ 제시문과 관련이 없는 내용이므로 '주옹'의 비판 대상으로 볼 수 없다.

④ '주옹'이 지향하는 태도에 해당한다.

2 [출전] 박민영 〈경험론〉

정답 해설

③ 일반적 사실에서 구체적인 사례를 파악하는 것은 합리론자들이 주장한 연역적 추론이다. 필자는 경험론을 설명하기 위해 이에 대립되는 이론인 합리론을 언급했을 뿐, 연역적 추론의 태도를 가져야 한다고 주장하는 내용은 드러나지 않는다.

오답 분석

① 1문단 마지막 문장에서 확인할 수 있다.

[관련 부분] 경험을 통해 무엇을 알게 되는 것은 모든 사람이 일상적으로 겪는 과정이기 때문에 이 입장을 거부하는 것은 쉽지 않다.

② 4문단 마지막 문장에서 확인할 수 있다.

[관련 부분] 근대 이후 철학의 상당 부분은 경험론의 영향 아래 진행되었다고 해도 과언이 아니다.

④ 3문단 1~2번째 줄에서 확인할 수 있다.

[관련 부분] 경험론자들은 귀납법을 통해 구체적이고 개별적인 사례들에서 인간과 자연에 대한 보편적인 법칙을 알아갈 수 있다고 생각했다. 하지만 ~ 경험론은 한계가 있음을 알 수 있다.

3 [출전] 강희맹 〈승목설〉

정답 해설

② '갑'은 욕심을 부리면 도리어 화근이 깊어지고 결과를 빨리 보려고 하면 실패하게 되므로, '을'의 충고를 따르지 않겠다고 말한다. 따라서 '갑'의 입장과 부합하는 것은 ②이다.

[관련 부분] 한 가지 분명한 것은 이익을 한꺼번에 많이 얻으려고 하면 화근이 깊어지고, 결과를 빨리 보려고 하면 도리어 실패가 빠르다는 사실일세. 그러니 나는 자네를 따르지 않겠네. (갑의 입장)

오답 분석

① ④ 제시문과 관련이 없는 내용이다.

③ '을'의 입장에 부합하는 내용이다.

[관련 부분] 그냥 평범한 데 안주하는 사람은 남보다 갑절이나 되는 공을 이룰 수 없다는 것도 알았네. (을의 입장)

DAY 15　글의 전략 파악 ①　　　　p. 51

1 ①　　　**2** ④　　　**3** ④

1　[출전] 이창덕 〈삶과 화법〉

정답 해설

① 제시문은 '토의'가 무엇인지 설명하고 이어서 토의의 종류 중 '원탁 토의'와 '패널 토의'의 정의를 제시하여 독자의 이해 를 돕고 있다. 따라서 글의 전개 방식에 대한 설명으로 적절 한 것은 ①이다.

[관련 부분]
- 토의란, 어떤 공통된 문제에 대한 최선의 해결안을 얻기 위하여 여러 사람이 모여서 의논하는 말하기 양식이다.
- 원탁 토의는 10명 내외의 소수의 사람들이 자유로운 분위기에서 주 어진 토의 문제를 분석하고 진단하며 나아가 그에 대한 해결 방법을 모색하는 토의 방식이다.
- 패널 토의는 주어진 토의 문제에 대한 전문 지식을 지닌 몇 사람(대 체로 3~6인)의 토의자들이 사회자의 진행에 따라, 일반 청중 앞에 서 토의 문제에 대한 정보나 지식, 의견이나 견해 등을 나누는 공개 적 토의이다.

오답 분석

② ③ 제시문에서 확인할 수 없는 전개 방식이다.

④ 3문단과 4문단에서 구체적인 토의 방식이라는 유사성을 지닌 원 탁 토의와 패널 토의에 대한 설명이 각각 드러나지만 이들을 비 교하는 부분은 드러나지 않는다. 또한 용어가 지니고 있는 내포 적인 의미를 밝히는 부분도 찾을 수 없다.

2　[출전] 구현정 〈대화의 기법〉

정답 해설

④ 제시문은 의사소통에서 음성 언어와 동작 언어의 불가분성 을 설명하며 두 가지 모두 중요함을 강조하고 있다. 따라서 상반된 사례를 제시하여 설명 대상의 중요성을 강조하고 있 다는 ④의 설명은 제시문의 글쓰기 전략으로 볼 수 없다. 참 고로 1문단에서는 객관적인 수치를 근거로 들어 설명 대상 중 하나인 동작 언어의 중요성을 강조하고 있다.

오답 분석

① 1문단과 2문단을 통해 여러 연구 결과를 바탕으로 내용을 전개하 고 있다는 것을 알 수 있다.

[관련 부분] 의사소통과 관련된 수많은 연구 결과에 따르면 ~ 버드휘스 텔(Birdwhistell)의 연구를 통해 보더라도, ~ 어떤 다른 방법으로 습득되 는 것인지에 대해 많은 연구와 조사가 있었다.

② 1문단 3~4번째 줄에서 통계 수치를 활용하여 의사소통 시 동작 언어가 차지하는 비중이 크다는 논지를 강화하고 있다.

③ 3문단 1~3번째 줄에서 '매개의 종류'를 기준으로 음성을 매개로 하는 '음성 언어'와 몸짓을 매개로 하는 '기호적 동작 언어'를 구 분하고 있다. 또한 '학습의 여부'를 기준으로 선천적으로 습득되 는 '본능적 동작 언어'와 후천적 학습으로 습득되는 '기호적 동작 언어'를 나누어 설명하고 있다.

3　[출전] 배리 슈워츠 〈선택의 패러독스〉

정답 해설

④ 제시문에서 합리적인 선택의 원인과 결과가 드러나는 부분 은 나타나지 않으므로 독자의 반응으로 적절하지 않은 것은 ④이다. 참고로 2문단의 내용은 객관적 상태와 심리적 만족 도가 상이할 수 있다는 내용을 설명하기 위해 사용된 예시로 선택지의 내용과 관련이 없다.

오답 분석

① 3문단에서 묻고 답하는 방식을 통해 앞서 언급한 예시에서 객관 적으로 결과가 동일한 상황이지만 심리적 반응이 달라진 이유 를 설명하고 있다.

② 1문단에서는 올림픽에서 메달을 딴 상황을, 2문단에서는 음악 회에서 지폐 또는 입장권을 잃어버린 상황을 제시하여 객관적 인 상황에 대한 평가와 심리적 반응이 다를 수 있다는 논지를 설 명하고 있다.

③ 1문단 끝에서 1~3번째 줄을 통해 선택에 관한 통념과 이에 반대 되는 진술을 하여 호기심을 유발하고 있다.

[관련 부분] 일반적으로 선택은 자신에게 가장 유리한 것을 고르는 행 위이다. 그런데 우리는 심리적 영향에 따라 비합리적인 선택을 하기도 한다.

DAY 16　글의 전략 파악 ②　　　　p. 54

1 ②　　　**2** ②　　　**3** ③

1　[출전] 김태길 〈삶과 일〉

정답 해설

② 1문단에서 주로 개인의 덕목과 양심에 관심을 가졌던 과거 윤리학이 사회 윤리학으로 발달하게 된 배경을 시간의 흐름 에 따라 설명하고 있다. 따라서 답은 ②이다.

오답 분석

① ③ 제시문에서 찾을 수 없는 진술 방식이다.

- 연역 추론: 일반적인 사실이나 원인에서 개별적이고 구체적인 사실이나 현상을 이끌어 내는 것

④ 제시문에서 '윤리학의 주제'라는 화제에 대한 과거 윤리학과 사회 윤리학의 관점은 찾을 수 있지만 이를 원인과 결과의 방식으로 설명하고 있지는 않다.

2 [출전] 박정자 〈빈센트의 구두〉

정답 해설

② 〈보기〉는 예술 작품이 진리를 드러내는 통로라고 주장한 철학자 하이데거의 견해를 중심으로 예술 작품의 기능(도구의 존재를 드러내어 존재자의 본질을 보여 줌)에 대해 설명하고 있다. 따라서 〈보기〉에 나타난 설명으로 가장 옳은 것은 ②이다.

오답 분석

① ③ ④ 〈보기〉에서 확인할 수 없는 설명이다.

3 [출전] 박용안 〈바다의 과학〉

정답 해설

③ 제시문은 첫 문장에서 파도가 칠 때 바닷물이 우리를 향해 끊임없이 밀려오는 것처럼 보이는 현상을 언급한 후 그 현상 이면에 숨겨진 물 입자의 운동과 관련된 과학 원리를 밝히고 있다. 따라서 답은 ③이다.

오답 분석

① ② ④ 제시문에서 확인할 수 없는 설명 방식이다.

DAY 17 내용 추론 ①

1 ④   **2** ③   **3** ④

1 [출전] 안광복 〈베블런과 브룩스로 읽는 소비의 종말〉

정답 해설

④ 1문단 마지막 문장에서 '베블런 재'가 과시적 소비의 대상이라는 것을 알 수 있다. 그리고 2문단 2~3번째 줄에서 '밴드왜건 효과'가 일부 상류층과 신흥 부유층의 과시적 소비를 주위 사람들이 흉내 냄으로 발생하는 것임을 알 수 있다. 따라서 부유층의 영향을 받아 베블런 재를 구매하는 사람들로 인해 밴드왜건 효과가 발생한다는 내용을 추론할 수 있다.

[관련 부분]
• 과시적 소비의 대상이 되는 상품을 '베블런 재(財)'라고 한다.
• 과시적 소비는 일부 상류층과 신흥 부유층을 중심으로 일어나는 것이 보통이지만 주위 사람들이 이를 흉내 내면서 사회 전체로 퍼져 나가는 현상을 밴드왜건 효과라고 이름 붙인 것이다.

오답 분석

① 3문단 끝에서 1~2번째 줄을 통해 속물근성이란 남보다 돋보여야한다는 생각을 말하며, 이는 스놉 효과의 기반이 되는 심리라는 것을 알 수 있다. 하지만 밴드왜건 효과는 다른 사람의 소비를 모방하려는 심리때문에 발생하므로 속물근성과는 관련 없음을 추론할 수 있다.

② 1문단 끝에서 1~2번째 줄을 통해 알 수 있듯이 베블런 효과는 과시적 소비로 인해 가격이 올라도 수요가 늘어나는 현상이므로 가격이 오르면 수요가 떨어진다는 원리로는 설명할 수 없다.

③ 라이벤스타인이 주체적으로 소비하는 자세를 주장하는 부분은 제시문에 드러나지 않는다.

2 [출전] 이운영 〈국어사전 표제어 이해하기〉

정답 해설

③ 2문단 첫 문장을 통해 표제어에는 아예 중간을 띄어 놓은 경우도 있다고 하였으므로 표제어에 기호가 사용되지 않는 경우도 있음을 추론할 수 있다. 따라서 표제어에는 기호가 늘 사용된다고 추론한 ③은 적절하지 않다.

오답 분석

① 2문단에서 표제어에 '-', '^' 기호가 사용되거나 아예 중간을 띄어 놓은 경우를 설명하고 있다. 이를 통해 국어사전에서 표제어의 띄어쓰기 여부를 확인할 수 있음을 추론할 수 있다.

② 3문단에서 단어를 정확하게 쓰려면 단어의 뜻만이 아니라 그 단어가 어떤 맥락이나 상황에서 어떠한 말과 결합하여 사용되는지도 알아야 한다고 설명한다. 따라서 단어의 뜻풀이만으로는 생각을 정확하게 표현하기 어려울 수 있다는 것을 추론할 수 있다.

④ 제시문은 국어사전에서 표제어의 띄어쓰기, 단어의 문법 정보에 대해 확인할 수 있다는 것을 설명하고 있다.

3 [출전] 정희창 〈우리말 맞춤법 띄어쓰기〉

정답 해설

④ 2문단에서 보조 용언은 띄어 쓰는 것이 원칙이나 붙여 쓰는 것도 허용하며, 보조 용언만 의미가 변한다는 점을 알 수 있다. 이를 통해 '찢어 버리다'에서 '버리다'의 의미만 변화했다면 '찢어 버리다'는 보조 용언 구성임을 추론할 수 있다. 따라서 '찢어 버리다'를 붙여 써야 한다는 ④의 설명은 적절하지 않다.

[관련 부분] 보조 용언의 경우 띄어 쓰는 것을 원칙으로 삼고 붙이는 것을 허용한 것은 ~ '죽어 간다'는 '죽다'에는 의미 변화가 없고 '간다'에만 의미의 변화가 있다.

오답 분석

① 2문단 끝에서 2번째 줄을 통해 보조 용언 구성은 중간에 다른 요소가 끼어들지 못한다는 것을 알 수 있다. 따라서 중간에 '-서'가 들어간 '죽어서 간다'는 보조 용언 구성이 아님을 추론할 수 있다.

② 2문단 3~4번째 줄에서 보조 용언 구성과 다르게 합성어는 구성 요소만으로 예측할 수 없는 새로운 의미가 생긴다는 것을 알 수 있으므로 보조 용언 구성에는 예측할 수 없는 새로운 의미가 생기지 않는다는 점을 추론할 수 있다.

③ 1문단 3번째 줄에서 《한글 맞춤법》은 띄어쓰기의 기준으로 '단어'를 제시하였으나, 단어의 성격이 분명하지 않아 띄어쓰기를 명쾌하게 설명할 수 없는 것을 알 수 있다. 따라서 '단어'만을 기준으로 띄어쓰기를 설명하는 것은 어렵다는 것을 추론할 수 있다.

DAY 18 내용 추론 ②

1 ①   **2** ④   **3** ②

1 [출전] 하워드 리사티 〈공예란 무엇인가〉

정답 해설

① 2문단 1~3번째 줄에서 순수미술에서의 미적 의사소통은 작가가 대상에 담은 의미를 관람자가 재구성하는 행위로 실현되며 이때 그 의미는 외적 목적과 관련이 없다는 내용을 확인할 수 있다. 따라서 순수미술의 관점에서는 공예품이 '실용적 기능'이라는 외적 목적을 지녀서 관람자가 작가의 의미를 재구성하지 못하므로 미적 의사소통을 이루지 못한다는 내용을 추론할 수 있다.

오답 분석

② 3문단 1~3번째 줄에서 '공방 공예'의 공예가들은 공방의 이름 아래에서 기능을 중심으로 하는 제품만 만들 수 있었을 뿐 자신의 창조적인 개성을 펼칠 수 없었다는 것을 알 수 있다.

③ 1문단을 통해 근대 예술철학은 외적 목적을 예술의 범위에서 배제하려고 했음을 알 수 있다. 따라서 근대 예술철학이 관람자들의 미적 경험을 통해 외적 목적을 달성하려고 했다는 내용은 적절하지 않은 추론이다.

④ 3~4문단을 통해 스튜디오 공예가 '공예품은 공예가의 미적 의도를 배제하고 실제 기능해야 한다'라는 입장에서 '공예품에 공예가의 미적 의도를 담을 수 있다'라는 입장으로 변화하고 있음을 알 수 있으나, 이를 통해 현대 공예가 작품의 실용적인 기능과 미적 의도가 모두 담긴 것을 공예로 인정했는지는 추론할 수 없다.

2 [출전] 목정민 〈백신이 여는 질병치료 르네상스〉

정답 해설

④ 문맥상 ㉠과 ㉡에는 각각 '폐쇄적인', '인식하지 못해'가 들어가는 것이 적절하므로 답은 ④이다.

- ㉠: ㉠이 포함된 문장 다음에 ㉠ '사회'를 유지하는 방어 체계가 '면역계'라는 것과 면역계는 제 식구는 감싸지만 외부에서 들어오는 항원은 공격하여 무력화시킨다는 내용이 이어진다. 따라서 ㉠에는 외부와 통하거나 교류하지 않는다는 의미를 가진 '폐쇄적인'이 들어가는 것이 적절하다.
- ㉡: ㉡이 포함된 문장 앞에서 몸속 구성원에 문제가 생기면 면역계는 이를 바이러스로 인식하지 못한다는 내용이 이어지는 것으로 보아 알츠하이머병은 몸속 구성원인 아밀로이드-β 단백질을 바이러스로 인식하지 못해 생긴 것임을 추론할 수 있다.

3 [출전] 이규태 〈한국인의 의식 구조〉

정답 해설

② 제시문에서는 한국과 유럽의 의사소통 문화가 다르게 발달한 이유를 역사적으로 상이했던 생활환경에서 찾고 있다. 이를 통해 의사소통 문화는 역사적 배경의 영향을 받으며 발달한다는 것을 추론할 수 있다.

오답 분석

① 1문단 마지막 문장을 통해 변화가 심한 사회에서는 통찰의 언어가 강조되기 어려웠음을 추론할 수 있다.
[관련 부분] 이처럼 변화가 심하고 위급한 상황이 잦은 사회에서는 통찰에 의한 의사소통이 발달하기 어려웠다.

③ 통찰의 언어가 행동을 중심으로 의사소통할 때 효과적이라는 내용은 제시문을 통해 추론할 수 없다.

④ 2문단 첫 문장에서 서구식 의사소통은 자신의 생각을 완곡하게 표현하는 것이 아니라 정확하게 표현하는 것임을 추론할 수 있다.
[관련 부분] 근대화 과정에서 우리 사회가 서구화되면서 서구식의 정확한 의사소통이 점점 더 요구되고 있다.

DAY 19 내용 추론 ③ p. 66

1 ④   **2** ②   **3** ①

1 [출전] 박이문 〈자연, 인간, 언어〉

정답 해설

④ 제시문은 유교 문화의 인문적 특성에 대해 설명하고 있다. ① '인간다운 것', ② '인(仁)', ③ '사람다운 심성'은 유교 문화의 인문적 특성을 의미하는 어휘이지만 ④ '인간 중심적'은 나머지와 반대되는 의미의 어휘이므로 문맥적 의미가 다른 하나는 ④이다.

2 [출전] 박성래 〈다시 보는 민족과학 이야기〉

정답 해설

② 제시문은 서양의 양력에는 서양 문화가 반영되었으나 동양의 음력에는 과학성이 있다고 주장하며, 양력에 반영된 서양의 문화를 제시하고 있다. 따라서 이후에는 동양의 음력에 과학성이 있다는 주장과 연계된 내용이 이어지는 것이 가장 적절하므로 답은 ② '동양 역법의 과학성과 체계성'이다.

오답 분석

① ③ 제시문과 관련이 없는 내용이다.
④ 제시문에 이미 언급된 내용이다.

3 [출전] 이필렬 〈과학, 우리 시대의 교양〉

정답 해설

① 제시문을 통해 ㉠은 사용해도 없어지지 않고 다시 생겨나지만 ㉡은 한 번 쓰면 없어진다는 것을 확인할 수 있다. 이러한 특징을 가장 잘 대조한 것은 ①이다.

- ㉠ 무한성(無限性): 무한한 성질
- ㉡ 유한성(有限性): 수(數), 양(量), 공간, 시간 등에 일정한 한도나 한계가 있는 성질

오답 분석

② • 개방성(開放性): 태도나 생각 따위가 거리낌 없고 열려 있는 상태나 성질
  • 폐쇄성(閉鎖性): 태도나 생각 따위가 꼭 닫히거나 막히어서 외부와 통하지 않는 성질
③ • 가변성(可變性): 일정한 조건에서 변할 수 있는 성질
  • 불변성(不變性): 변하지 않는 성질
④ • 일시성(一時性): 일시적인 특성이나 성질
  • 영구성(永久性): 오래도록 변하지 않는 성질

1 [출전] 이준구 〈경제학원론〉

정답 해설

① 감자의 가격 하락이 원인이 되어 그 결과 빵의 수요량이 늘어난 것이므로 ①은 제시문에서 추론한 내용으로 적절하지 않다.

오답 분석

② 1문단에서 감자의 가격이 떨어짐에 따라 수요량이 늘어나야 하지만 오히려 줄어들었기 때문에 수요의 법칙이 성립하지 않았다는 것을 알 수 있다. 이를 통해 수요의 법칙이란 가격과 수요량 사이에 반비례 관계가 성립하는 것임을 추론할 수 있다.
- 반비례: 한쪽의 양이 커질 때 다른 쪽 양이 그와 같은 비로 작아지는 관계
③ 2문단 4~5번째 줄을 통해 감자가 열등재의 성격을 지닌 이유는 사람들이 감자를 선호하지 않지만 경제적 문제로 인해 어쩔 수 없이 감자를 주식으로 삼았기 때문임을 알 수 있다. 따라서 열등재는 소비자의 선호도와 관련이 있음을 추론할 수 있다.
④ 4문단 첫 문장에서 가난한 사람일수록 식료품에 대한 지출의 비중이 더 크다고 했으므로 경제적 여유가 있는 사람은 가난한 사람보다 식료품에 대한 지출이 적을 것임을 추론할 수 있다.

2 [출전] 김종철 〈간디의 물레〉

정답 해설

③ 제시문에 드러난 간디의 입장을 기준으로 ㉠ ~ ㉤은 간디가 지키고자 했던 가치(비폭력, 평화 등)를 상징하는 단어와 이를 파괴하고 억압하려는 제국주의나 현대 문명을 상징하는 단어로 구분할 수 있다. 따라서 ㉠ '참다운 해방', ㉢ '영혼의 요구', ㉤ '물레'는 전자에 해당하고 ㉡ '칼의 교의(教義)', ㉣ '거대 기계'는 후자에 해당하므로 답은 ③이다.

3 [출전] 김용석 〈단절된 두 세계를 잇는 '소통의 다리'〉

정답 해설

③ 1문단에서 「행복한 왕자」의 표면적 주인공이 '행복한 왕자'임을 알 수 있지만, 2문단의 내용을 통해 단절되어 있던 부유한 세계와 가난한 세계를 연결하는 '소통의 다리'를 놓음으로써 두 세계의 불행을 행복으로 바꾸어 준 '제비'가 이 작품의 진정한 주인공임을 알 수 있다. 따라서 밑줄 친 질문의 대답으로 적절한 것은 ③이다.

---

1 [출전] 천소영 〈우리말의 속살〉

정답 해설

③ 마지막 문단에서 완곡어법은 본의를 흐려 놓을 수 있기 때문에 좋은 표현법으로 볼 수 없다고 한 것으로 보아 필자는 완곡어법에 대해 비판적인 태도를 지니고 있음을 알 수 있다. 따라서 완곡어법과 반대로 자신의 입장을 분명하게 밝힐 수 있는 명확한 표현법을 사용해야 한다는 내용이 이어지는 것이 적절하다.

2 [출전] 이정우 〈사건의 철학〉

정답 해설

③ 1문단에서 플라톤은 특정한 존재를 판단하기 위해 '있음'의 '정도'를 기준으로 삼았음을 알 수 있다. 이때 어떤 대상이 다른 대상보다 '덜 존재한다'라는 것은 상대적으로 '있음'의 정도가 작다는 의미일 뿐 아예 존재하지 않는 '없음'을 의미한다고 볼 수 없다. 따라서 ③은 플라톤의 생각으로 적절하지 않다.

오답 분석

① 1문단 마지막 문장을 통해 세계에 존재하는 만물인 '현상'은 이데아보다 덜 존재하는 것으로 규정되었음을 확인할 수 있다. 이를 통해 세계에는 이데아에 비해 덜 완전한 것들만 존재한다는 내용을 추론할 수 있다.
[관련 부분] 세계에 존재하는 만물인 '현상'은, 이데아에 비해 덜 존재하는 것으로 규정한다.
② 1문단 2~3번째 줄과 끝에서 3번째 줄을 통해 확인할 수 있다.
[관련 부분]
- '있다'에는 '존재한다'라는 측면에서 실재성의 정도와 '가치 있다'라는 측면에서 완전성의 정도를 모두 포함하게 된다.
- 플라톤은 가장 실재하는 것, 가장 완전한 것을 '이데아'라고 규정하는데,
④ 플라톤은 세계에 존재하는 만물을 '현상'으로 규정하고 가장 실재하고 완전한 것을 '이데아'로 규정했다. 또한 '이데아'로 본으로 삼아 '현상'을 창조한다고 하였으므로 세계에 존재하는 만물(현상)은 가장 완전한 것(이데아)을 본떠 만들어진 것임을 추론할 수 있다.

3 [출전] 이준구 〈미시경제학〉

정답 해설

④ ㉠ ~ ㉡에 들어갈 말로 적절한 것은 ④ ㉠ '남들과 차별화하고자 하는 심리', ㉡ '희소성'이다.

- ㉠: ㉠의 앞에서는 속물효과의 개념을 제시하며, 속물효과가 존재하지 않을 때보다 속물효과가 존재하는 경우 가격 하락에 따른 수요량의 증가폭이 크지 않다고 설명한다. 이는 동일한 물건을 사용하는 사람이 많아지면 남과 같아지기 싫어하는 심리에 의해 그 상품을 사지 않겠다는 사람이 생겨난다는 것을 의미한다. 따라서 ㉠에는 ② '특별한 존재이고 싶은 욕심'이나 ④ '남들과 차별화하고자 하는 심리'가 들어가야 한다.
- ㉡: ㉡의 앞에서 속물효과란 누구나 살 수 있는 상품이 아닌, 남들과 차별화될 수 있는 상품을 사고자 하는 심리에서 발생하는 것임을 알 수 있으므로 ㉡에는 ④ '희소성'이 들어가야 한다.

DAY 22 내용 추론 ⑥   p. 73

1 ②   **2** ④   **3** ④

1 [출전] 신상규 〈인간과 포스트휴머니즘〉

정답 해설

② 제시문은 전반부에서 인간과 비인간을 구분 짓는 '고유의 인간성'과 관련된 내용을 전개한다. 그러나 후반부에서 '포스트휴먼'의 등장으로 인해 '고유의 인간성'에 대한 의문이 제기되어 인간과 비인간의 경계가 점차 흐릿해지고 있다는 내용이 이어진다. 따라서 글에 이어질 내용으로 적절한 것은 ② '인간과 비인간을 구분하는 관점에서 벗어나야 할 것이다'이다.

오답 분석

① 제시문과 관련이 없는 내용이다.

③ 3문단에서 이미 포스트휴먼에 대한 내용이 언급되었으므로 이어질 내용으로 적절하지 않다.

[관련 부분] 기계 장치의 이식이나 유전자 변이에 의해 강화된 능력을 소유하고 있는 새로운 존재, 소위 '포스트휴먼'이 등장하면서

④ 3문단을 통해 과학 기술의 발전이 인간의 우월성을 위협하는 상황이 나타났음을 확인할 수 있다. 따라서 ④는 제시문과 상반된 내용이므로 이어질 내용으로 적절하지 않다.

[관련 부분] 그런데 20세기 이후 고유의 인간성을 인정했던 관점은 과학 기술의 비약적 발전에 따라 근본적인 문제에 직면하게 되었다.

---

2 [출전] 진동선 〈좋은 사진〉

정답 해설

④ 제시문에서 사진은 현실 그대로가 아니라 사진가의 눈에 따라 선택된 일부만이 표현된 이미지라고 설명한다. 이는 곧 사진에는 사진가의 의도가 반영됨을 의미한다. 따라서 사진은 사진가가 세상을 객관적으로 관찰한 결과물이라는 추론은 적절하지 않다.

오답 분석

① 1문단 3번째 줄을 통해 추론할 수 있다.

[관련 부분] 찰나의 순간에 기록된 이미지에는 사진을 사진답게 만드는 사진만의 특성이 담겨 있다.

② 2문단에 의하면 작가가 결과물에 영향을 미칠 수 없다는 이유로 사진은 예술이 아니라는 주장이 제기되기도 한다. 하지만 3문단에서 알 수 있듯이 사진은 사진가의 눈을 통해 선택된 결과이므로 사진을 사진가의 의도가 반영된 예술 작품이라 추론할 수 있다.

③ 1문단에서 사진은 현실을 사실적으로 보여 준다고 하였으나, 3문단에서 사진은 사진가의 눈을 통해 선택된 일부이므로 현실을 그대로 보여 주지 않음을 설명하고 있다. 따라서 사진이 현실을 그대로 반영한다고 오해할 수도 있다는 선택지의 내용을 추론할 수 있다.

[관련 부분]
- 어떤 장르의 예술도 따라올 수 없을 만큼 사실적으로 현실을 보여 준다.
- 사진은 현실을 그대로 보여주지 않는다. ~ 사진가의 눈을 통하여 선택된 일부인 것이다.

---

3 [출전] 이이 〈성학집요〉

정답 해설

④ 필자는 글의 내용을 의심할 줄 모르고 성급하게 독서량만 채우는 자세를 비판하며 독서 계획 세우기 등 올바른 독서 방법 및 과정에 대해 설명하고 있다. 그러나 필자의 미흡한 생각을 보완하며 읽어야 한다는 내용은 제시문에서 찾을 수 없으므로 답은 ④이다.

오답 분석

① 끝에서 3~4번째 줄에서 글을 읽고 깨달은 내용은 반복을 통해 내면화하는 자세가 필요함을 추론할 수 있다.

[관련 부분] 그 뜻을 이미 이해했다 하더라도 또다시 반복 음미하여 그 의미와 이치를 몸으로 체득해야만 그것을 배웠다고 말할 수 있다.

② 끝에서 4~5번째 줄에서 성현들 말씀의 본뜻을 찾기 위해서는 비판적으로 글을 읽어야 함을 추론할 수 있다.

[관련 부분] 여러 학자들의 주석(註釋)을 하나하나 독파한 다음, 그들의 옳고 그름을 비교하여 성현들이 말씀하신 본뜻을 찾아야 한다.

③ 4~6번째 줄에서 자신의 역량에 맞게 독서 분량을 조절해야 한다는 것을 추론할 수 있다.

[관련 부분] 책을 볼 때에는 자기의 능력에 따라 하루에 우선 한두 단락을 보고 그 부분의 이해가 끝나면 다른 단락으로 나아가야 한다.

1 ②   **2** ④   **3** ②

1 [출전] 권재일 〈어문규범과 국어정책〉

정답 해설

② 제시문은 언어 현실과 어문 규범의 괴리를 최소화하기 위해 복수 표준어를 확대하는 방안에 대해 설명하고 있을 뿐 표준 어보다 방언이 더 널리 쓰이면서 방언이 표준어로 바뀌었다 는 내용은 다루고 있지 않다. 따라서 글을 뒷받침 하는 예로 적절하지 않은 것은 ②이다.

오답 분석

① ③ ④ 모두 복수 표준어로 인정된 단어로, 제시문을 뒷받침하는 예로 적절하다.

① '태껸/택견'은 발음이 비슷하여 두 가지 표기를 모두 표준어로 인정한 것이다.

③ 기존의 표준어인 '복사뼈'와 같은 뜻으로 널리 쓰이는 '복숭아뼈' 가 표준어로 인정되었다.

④ 어감의 차이가 나지만 '고까/꼬까' 모두 복수 표준어로 인정되 었다.

2 [출전] 장근영 〈심리학 오디세이〉

정답 해설

④ 제시문은 자기 행동의 동기를 외부에서 주어지는 보상에서 찾는 현상인 '과잉정당화 효과'에 대해 설명하고 있다. 이때, '과잉정당화 효과'에 가장 가까운 속담은 맡은 일보다 보상에 만 관심을 가지는 것을 의미하는 ④이다.

- 염불에는 맘이 없고 잿밥에만 맘이 있다: 맡은 일에는 정 성을 들이지 않으면서 잇속에만 마음을 두는 경우를 비유 적으로 이르는 말

오답 분석

① 재미난 골에 범 난다: 편하고 재미있다고 위험한 일이나 나쁜 일 을 계속 하면 나중에는 큰 화를 당하게 됨을 이르는 말

② 절에 가서 젓국 달라 한다: 원하는 것을 그것이 있을 리 없는 엉 뚱한 곳에 가서 찾는 경우를 이르는 말

③ 제사를 지내려니 식혜부터 쉰다: 공교롭게 일이 틀어지는 경우 를 비유적으로 이르는 말

3 [출전] 최주연 〈불안 버리기〉

정답 해설

② 밑줄 친 부분은 부정적인 경험의 원인을 자신에게서 찾는 경 우를 말한다. 높은 곳에 오르는 것을 무서워하는 상황의 원 인을 겁이 많은 본인의 성격 때문이라고 생각하는 ② '현주' 의 태도가 이와 유사하다.

오답 분석

① ③ ④ 모두 부정적인 경험의 원인을 자신이 아닌 다른 것에서 찾 고 있으므로 '외부적'으로 해석한 사례이다.

PART 3 ___ 글의 짜임을 파악해야 하는 문제

DAY 24 글의 구조 파악 ① p. 82

1 ① **2** ③ **3** ③

1 [출전] 이준구 〈새 열린 경제학〉

정답 해설

① (나) - (다) - (라) - (가)의 순서가 가장 자연스럽다.

순서	중심 내용	순서 판단의 단서와 근거
(나)	튤립 알뿌리와 메추리알의 값이 갑자기 비싸졌던 과거의 사례	독자의 호기심을 자극하는 질문과 구체적인 사례를 제시하여 논의를 시작함
(다)	경제 주체들이 동일한 정보를 가지고 있다면 상품의 가격은 기본적인 수준을 유지할 것임	키워드 '튤립 알뿌리', '메추리알': (나)에서 제시한 사례를 다시 언급하여 주장을 뒷받침함
(라)	경제 주체들의 정보 격차로 인해 발생하는 '거품(bubbles)' 현상	접속어 '그러나': (다)의 내용과 상반되는 현실 상황을 제시함
(가)	• '거품'의 정의와 발생 원인 • '거품'이 경제에 미치는 영향	• 키워드 '거품': (라)에서 언급된 '거품'을 구체적으로 정의함 • 키워드 '투기': (라)에서 언급된 '투기'를 통해 거품의 발생 원인을 제시함.

2 [출전] 최협 〈부시맨과 레비스트로스〉

정답 해설

③ ⓛ - @ - ⊙ - ⓒ이 바르게 나열된 순서이다.

순서	중심 내용	순서 판단의 단서와 근거
〈보기1〉	문화의 일부에 주목하여 문화 현상을 이해하고자 한 19세기 일부 인류학자들	-
ⓛ	19세기 일부 인류학자들이 주장한 문화의 단계적 발전	지시 표현 '그들은': 문화가 단계적으로 발전한다는 것은, 각 단계의 문화를 독립적으로 파악한다는 의미임. 이는 문화의 일부에 주목하여 바라보는 관점이므로 '그들은' 〈보기1〉의 '19세기 일부 인류학자들'을 가리킴
@	20세기에는 비판받는 19세기 인류학자들의 입장	접속어 '그러나': ⓛ의 내용과 상반된 내용이 나타남
⊙	문화를 이루는 모든 인간 생활의 관련성	@에서 19세기 일부 학자들을 비판한 이유를 제시함
ⓒ	20세기 인류학자들은 문화 현상을 이해하기 위해 이러한 사실에 주목함	지시 표현 '이러한 사실': ⊙의 '문화를 이루는 모든 인간 생활의 관련성'을 가리킴

3 [출전] 한전숙 〈진리는 무엇일까〉

정답 해설

③ ⓒ - ⓜ - ⓛ - ⊙ - @의 순서가 바르다.

순서	중심 내용	순서 판단의 단서와 근거
ⓒ	실용주의자들은 대응설, 정합설과 다른 관점으로 진리를 고찰함	지시어나 접속어로 시작하지 않으며, 글의 중심화제(진리를 고찰하는 관점)을 화두로 제시함
ⓜ	지식을 생활상의 수단으로 여기는 실용주의자들	지시 표현 '그들': ⓒ의 '실용주의자들'을 가리키며 실용주의자들의 관점을 구체적으로 설명함
ⓛ	실용주의자들은 지식이 실제로 유용할 때 '참'이라고 봄	접속어 '그래서': ⓜ과 ⓛ의 내용을 원인과 결과의 관계로 이어줌
⊙	지식(관념과 생각)은 행동을 통해 생활 속에서 유용한가에 따라 참(진리)과 거짓으로 나뉨	'지식이 실제로 유용해야 참이다'라는 ⓛ의 내용을 부연 설명함
@	실용주의자들의 관점은 행동의 결과가 있어야 옳고 그름의 판단이 가능함	• ⊙의 내용을 '진리가 행동과 관련되어 있다는 것'으로 요약·정리함 • 접속어 '그러나': 옳고 그름의 판단이 '행동'의 결과에 의해 결정되는 실용주의자들 관점의 한계를 밝힘

1 ③   **2** ②   **3** ①

1 [출전] 임석재 〈한국의 돌, 담, 길〉

정답 해설

③ (나) - (가) - (라) - (다)의 순서가 가장 적절하다.

순서	중심 내용	순서 판단의 단서와 근거
(나)	한국 전통 건축의 특징(친자연적)과 예시(휜 나무의 사용)	중심 화제인 '휜 나무'를 언급하여 한국 전통 건축이 친자연적임을 설명함
(가)	휜 나무를 사용한 한국 전통 건축 1: 만대루	키워드 '먼저': 휜 나무가 사용된 건축물 중 첫 번째 사례(만대루)를 제시함
(라)	휜 나무를 사용한 한국 전통 건축 2: 개심사의 범종각	키워드 '또 다른 건축물': (가)에 이어 휜 나무가 사용된 다른 건축물(개심사의 범종각)을 제시함
(다)	만대루와 개심사의 휜 기둥을 통해 깨달은 바: 자연의 교훈 및 선인들의 믿음과 평등 의식	• 키워드 '만대루와 개심사': (가)와 (라)의 건축물들을 다시 언급함 • 앞선 사례에서 얻을 수 있는 교훈을 언급하며 논의를 마무리함

2 [출전] 김일수 〈정당방위는 어디까지 허용되나〉

정답 해설

② (가) - (다) - (나) - (라)의 순서가 자연스럽다.

순서	중심 내용	순서 판단의 단서와 근거
(가)	1960년대까지 법원이 정당방위의 성립 여부를 판단할 때는 법익 교량의 사상과 부정(不正) 대 정(正)의 사상이 지배적이었음	지시 표현이나 접속어로 시작하지 않으며 중심 화제인 '정당방위의 성립 여부'에 대해 언급함
(다)	정당방위는 원칙적인 금지에 대해 예외적으로 허용되는 권리이므로 내재적인 한계가 있음	키워드 '그렇다고 해서': (가)에서 언급한 내용과 달리 정당방위 성립에 한계가 있음을 제시함
(나)	정당방위의 성립 요건 1: 방어의 필요성을 갖추어야함	키워드 '먼저 방어 행위는': 정당방위의 성립 요건들 중 첫 번째 요건을 제시함
(라)	정당방위의 성립 요건 2: 규범적으로 요구된 행위여야 함	키워드 '더 나아가 방어 행위는': (나)에 이어 다른 정당방위 성립 요건을 제시함

3 [출전] 곽영직 〈과학기술의 역사〉

정답 해설

① ㉠ ~ ㉢에 들어갈 접속어는 순서대로 '그래서 - 그렇지만 - 그리고'이다.

• ㉠: ㉠의 앞과 뒤에는 각각 아리스타코스가 내린 결론의 원인(태양이 지구보다 크므로 태양이 더 작은 지구를 돈다고 볼 수 없다)과 결과(지구를 비롯한 행성이 태양 주위를 돈다)가 제시되어 있다. 따라서 ㉠에는 인과의 접속어 '그래서'가 들어가는 것이 적절하다.

• ㉡: ㉡의 앞에는 아리스타코스의 주장이 나오고 ㉡의 뒤에는 당대 사람들이 그의 주장을 철저하게 외면했다는 내용이 제시되므로 ㉡에는 역접의 접속어 '그렇지만, 하지만'이 들어가는 것이 적절하다.

• ㉢: ㉢의 앞과 뒤에는 당대 사람들이 아리스타코스의 주장을 반대했던 근거가 나란히 제시되어 있으므로 ㉢에는 문장을 병렬적으로 연결할 때 사용하는 접속어 '그리고'가 들어가는 것이 자연스럽다. 또한 ㉢ 뒤의 내용이 앞의 내용을 부연 설명하고 있다고 볼 수도 있으므로 첨가·보충할 때 쓰는 말인 '게다가'도 사용할 수 있다.

1 ③   **2** ③   **3** ②

1 [출전] 이성영 〈속담의 표현 방식〉

정답 해설

③ (라) - (가) - (다) - (나)의 순서가 적절하다.

순서	중심 내용	순서 판단의 단서와 근거
(라)	• '개발의 백구두'가 '개발의 편자'보다 효과적인 이유에 대한 의문 • 속담 '개발의 편자'의 의미	1문단의 마지막 문장에서 제시한 내용에 대해 의문을 제기함
(가)	'편자'는 일상생활에서 멀어진 사물이므로 속담의 의미를 제대로 상기시키지 못함	접속어 '그런데': 화제를 전환하여 '개발에 편자'의 의미 전달이 어려워진 이유를 설명하고 있음
(다)	'백구두'는 속담의 의미를 표현하는데적합한 사물이며 '구체성'을 띰	접속어 '반면에': (가)의 '편자'와 다르게 '백구두'는 속담의 의미를 표현하는데 적합하다는 것을 설명함

(나)	• '백구두'는 속담의 본질적인 의미를 드러내는 '전형성'을 지님 • 속담은 일상적 경험을 구체적, 전형적인 사물로 비유하므로 표현 효과가 높음	• 접속어 '또한': (다)에서 언급한 '백구두'가 속담의 의미를 표현하는데 적합한 이유를 보충함 • 앞의 내용을 토대로 속담은 표현 효과가 높은 방식이라는 말로 논의를 마무리함

2 [출전] 유시민 〈유시민의 경제학카페〉

정답 해설

③ 〈보기〉는 국가가 사회적 위험에 대비하도록 사람들에게 강제하는 것에 대해 설명하고 있다. 따라서 〈보기〉가 들어갈 위치로 가장 적절한 것은 ③이다.

순서	중심 내용	순서 판단의 단서와 근거
③의 앞	미래를 대비하지 않은 개인이 위험에 직면하게 되면 무너지게 되고 이는 사회적 문제까지 이어질 수 있음	-
〈보기〉	국가는 사람들에게 전형적으로 나타나는 사회적 위험에 대비하도록 강제함	• 접속어 '그래서': 앞의 내용에 대한 결과를 제시하여 인과 관계를 드러냄 • 키워드 '강제하는 것': ③의 뒤에 나오는 '그 제도'를 의미함
③의 뒤	사회보험의 성격과 종류	-

3 [출전] 이준구 〈재정학〉

정답 해설

② ㉠ ~ ㉢에 들어갈 접속어는 순서대로 '따라서 - 그런데 - 반면'이므로 답은 ②이다.

- ㉠: ㉠의 앞에는 소득 보조 제도를 시행했을 때의 상황이 제시되고 ㉠의 뒤에는 그 상황에 대한 결과가 이어지고 있다. 따라서 ㉠에는 인과 관계를 나타내는 접속어 '그래서, 따라서'가 들어가는 것이 적절하다.
- ㉡: ㉡의 앞에는 식품에 대한 가격 보조 제도를 시행했을 때 나타나는 대체 효과에 대해 설명하고 있으나, ㉡의 뒤에는 식품에 대한 가격 보조가 비효율적이라고 생각하는 소비자의 입장으로 화제가 전환되고 있다. 따라서 ㉡에는 전환의 접속어 '그런데'가 들어가는 것이 적절하다. 또한 ㉡의 앞뒤 문장이 서로 상반되는 내용이므로 역접의 접속어 '그렇지만'을 사용할 수도 있다.

- ㉢: ㉢의 앞에는 소득 보조보다 가격 보조가 비효율적이라고 생각하는 소비자의 입장이 제시되어 있고 ㉢의 뒤에는 소득 보조보다 가격 보조가 더 효율적이라고 생각하는 정부의 입장이 이어진다. 따라서 ㉢에는 앞뒤의 내용이 서로 상반됨을 나타내는 '반면'이 들어가는 것이 적절하다.

DAY 27 글의 구조 파악 ④ p. 90

1 ②   **2** ①   **3** ④

1 [출전] 이익섭 〈국어학개설〉

정답 해설

② 〈보기〉는 두 방언권의 언어 특징들이 뒤섞여 나타나는 전이 지대에 대한 설명을 하고 있다. 따라서 제시문 각 문단의 중심 내용을 고려했을 때 ②에 〈보기〉가 들어가는 것이 문맥상 자연스럽다.

순서	중심 내용	순서 판단의 단서와 근거
①의 뒤	방언구획과 방언권, 방언 경계의 개념	-
〈보기〉	전이지대의 개념과 사례	• 키워드 '방언경계': ①의 뒤에서 언급한 '방언경계'와 관련 지어 개념을 설명함 • 키워드 '전이지대': ②의 뒤에서 설명하는 '전이지대'의 특징과 연결됨
②의 뒤	전이지대에서 일어나는 의미 분화의 사례	
③의 뒤	• 개신의 개념과 사례 • 개신파의 개념	-

2 [출전] 이재인 〈건축 속 재미있는 과학이야기〉

정답 해설

① (나) - (다) - (가) - (라)의 순서가 자연스럽다.

순서	중심 내용	순서 판단의 단서와 근거
(나)	이상 기온 현상의 사례와 주요 원인	이상 기온 현상의 사례를 제시하고 그 원인에 대해 언급하며 논의를 시작함
(다)	최근 주목받고 있는 방식인 '블루 이코노미'의 개념	지시 표현 '그중': (나)에서 언급한 '다양한 방안들'을 가리킴

(가)	'블루 이코노미'는 최근에 주목받기 시작했지만 이러한 시스템은 오래 전부터 사용되고 있었음	접속어 '이에 따라': (다)에서 설명한 블루 이코노미처럼 최소한의 에너지를 활용하는 시스템이 개발되고 있음을 언급함
(라)	블루 이코노미의 사례: 이란 '야즈'의 바람탑	오래 전부터 블루 이코노미 방식이 사용되고 있었다는 (가)의 내용을 뒷받침하는 사례를 제시함

3 [출전] 이준구 〈경제학원론〉

정답 해설

④ 두괄식 문단이란 주제나 결론이 앞부분에 나오는 구성 방식을 말한다. 따라서 ④ ㉢ - ㉠ - ㉡ - ㉣ - ㉤이 전개 순서로 자연스럽다.

순서	중심 내용	순서 판단의 단서와 근거
㉢	케인스는 저축보다 투자의 크기가 작은 상황이 지속되면 경기가 만성적인 침체에 빠진다고 생각함	케인스의 주장이 제시되어 있으므로 두괄식 문단의 첫 문장으로 적절함
㉠	저축이 늘고 소비가 줄면 기업의 생산 활동이 위축되며, 이는 가계 소득을 감소시킴	㉢에 드러나는 케인스의 생각을 구체적인 상황으로 제시함
㉡	소득이 감소한 것이 다시 가계 소득을 더욱 감소시키는 악순환으로 이어짐	키워드 '악순환': ㉠의 결과 가계 소득이 더욱 감소하여 경제적으로 악순환이 발생하는 과정을 설명함
㉣	국민 경제 전체의 관점에서 저축은 총수요를 감소시켜 불황을 심화시킴	접속어 '따라서': ㉠과 ㉡에서 제시한 상황의 결과를 제시함
㉤	케인스는 '소비는 미덕, 저축은 악덕'이라는 말을 남김	접속어 '이와 같은 관점': ㉣의 '국민 경제 전체의 관점'을 가리킴

PART 4 __
비문학 지식이 필요한 문제

DAY 28 **논지 전개 방식 ①**   p. 98

1 ④   **2** ②   **3** ③

1 [출전] 서울과학교사모임 〈시크릿 스페이스〉

정답 해설

④ 제시문과 ④는 모두 어떤 목표나 결과를 가져오게 한 일련의 행동, 변화, 단계 등에 초점을 두고 진술하는 방식인 '과정'을 사용하였다. 참고로 1문단에는 대상을 구성요소로 나누어 진술하는 방식인 '분석'이 사용되었고, 2문단에는 두 대상이 여러 면에서 비슷하다는 것을 근거로 하여 다른 속성도 유사할 것이라고 추론하는 '유추'가 사용되었다.
- 제시문(3문단): 공기의 흐름을 통해 날개 없는 선풍기가 바람을 만드는 과정을 설명
- ④: 소화기를 사용하여 불을 끄는 과정을 설명

오답 분석

① 인용: 커뮤니케이션 학자의 말을 빌려 방송의 성격을 설명하였다.
② 구분: 피드백의 종류를 음성 피드백과 양성 피드백으로 나누어 설명하였다.
③ 정의: 속담의 뜻을 규정하였다.

비문학 지식 암기 노트

과정	어떤 목표나 결과를 가져오게 한 일련의 행동, 변화, 단계 등에 초점을 두고 진술하는 방식 예 김치를 맛있게 보관하는 방법은 다음과 같다. 첫째, 김치를 보관할 때에는 짠 김치는 안쪽에, 싱거운 김치는 바깥쪽에 둔다. 둘째, 김치와 공기의 접촉을 최대한 차단해야 한다. 셋째, 김치를 낮은 온도에서 숙성시킨다.
유추	대상의 특징을 제시하고 이와 일부 속성이 일치하는 다른 대상도 그러한 특징을 가질 것이라 추론하여 설명하는 방식 예 척박한 환경에서는 몇몇 특별한 종들만이 득세한다는 점에서 자연 생태계와 우리 사회는 닮았다.
분석	하나의 관념이나 대상을 그 구성 요소로 나누어 진술하는 방식 예 관동 지방의 자연환경은 태백산맥이 남북으로 뻗어 있어서 동해안의 좁은 해안 평야와 한강 유역의 침식 분지를 제외하면 대부분이 산으로 되어있다. 태백산맥에는 설악산, 오대산, 태백산 등의 명산이 있고 진부령, 한계령, 대관령 등의 고개를 통하여 동서 간의 교통이 이루어진다.

인용	남의 말이나 글을 빌려 쓰는 방식 예 노자(老子)는 도덕경(道德經)에서 "성(聖)을 절(絶)하고 지(智)를 버리면 민리(民利)가 백배(百倍)하리라."고 하여, 지식이니 학문이니 하는 것의 불필요함을 말하였다.
구분	어떤 대상이나 생각들을 비슷한 특성에 따라 상위 항목을 하위 항목으로 나누어 진술하는 방식 예 소프트웨어는 상업용 소프트웨어, 셰어웨어, 프리웨어, 공용 소프트웨어로 나뉜다.
정의	용어의 뜻을 분명하게 규정하는 방식 예 반(半)언어적 표현은 말을 할 때 언어 표현에 덧붙어 의미 전달에 영향을 미치는 말의 높낮이, 크기, 빠르기, 분위기 등을 말한다.

2 [출전] 강우방 〈조각에서 읽는 회화〉

정답 해설

② 제시문과 ②는 대상을 그림 그리듯이 구체적으로 진술하는 '묘사'를 사용하였다.
- 제시문: 부조의 특성을 가장 잘 소화한 금강역사상의 특징을 그림 그리듯이 표현
- ②: 버스 안의 모습을 그림 그리듯이 표현

오답 분석

① 예시: 원앙과 연꽃이 함께 그려진 그림을 사례로 들어 이치에 맞지 않는 소재가 배합된 동양화에 대해 설명하였다.
③ 인과: 녹음과 복제 기술(원인)이 불러온 결과를 설명하였다.
④ 정의: '소비자 잉여'의 개념을 규정하고 있다.

비문학 지식 암기 노트

예시	사례를 들어 일반적이거나 추상적인 원리, 법칙, 진술을 구체화하는 진술 방식 예 벌레를 잡아먹는 식물이 있습니다. 예를 들어, 벌레잡이풀은 벌레를 잡는 주머니로 벌레가 오기를 기다렸다가 벌레를 잡습니다.
묘사	대상을 그림 그리듯이 구체적으로 진술하는 방식 예 친구의 얼굴은 달걀형이고 귀가 크며 곱슬머리이다.
인과	어떤 결과를 가져온 원인과, 그로 인해 초래된 결과에 초점을 두는 진술 방식 예 유럽에서는 과도한 재정 적자가 장기간 누적되어 왔다. 이는 이자 부담의 증대, 이자율 상승, 인플레이션, 정부의 위기 대응 능력에 대한 불신 등의 결과를 낳았고, 결국 유럽의 경제 위기로 이어졌다.

3 [출전] 임석재 〈지혜롭고 행복한 집 한옥〉

정답 해설
③ 밑줄 친 부분은 상위 항목인 '한옥의 외파 증식 방식'을 하위 항목인 'ㄱ' 자형, 'ㄷ' 자형, 'ㅁ' 자형 등으로 나누어 설명하고 있다. 따라서 밑줄 친 부분에 쓰인 주된 설명 방식은 ③ '구분'이다.
- 구분: 어떤 대상이나 생각들을 비슷한 특성에 따라 상위 항목을 하위 항목으로 나누어 진술하는 방식

오답 분석
① 과정: 어떤 목표나 결과를 가져오게 한 일련의 행동, 변화, 기능, 단계, 작용에 초점을 두고 진술하는 방식
② 분석: 하나의 관념이나 대상을 그 구성 요소로 나누어 진술하는 방식
④ 예시: 사례를 들어 일반적이거나 추상적인 원리, 법칙, 진술을 구체화하는 진술 방식

> ### 비문학 지식 암기 노트
> **구분과 분석의 차이**
> 구분이 상위 항목을 하위 항목으로 나누어 가는 방식이라면, 분석은 어떤 대상을 그 구성 요소나 성질로 나누는 것이다. 따라서 만약 나누기 전의 것은 A, 나눈 후의 것은 B라고 한다면 구분은 'B는 A의 종류'가 되고, 분석은 'B는 A의 일부'가 된다.

DAY 29 **논지 전개 방식 ②** p. 100

1 ① **2** ④ **3** ③

---

1 [출전] 박지원 〈일야구도하기〉

정답 해설
① 필자는 강을 건너는 것과 인생을 사는 것이 모두 험하고 위태롭다는 유사성을 통해 얻은 '보고 듣는 것에 흔들리지 않아야 한다'라는 삶에 대한 자신의 깨달음을 전달하고 있다. 따라서 제시문의 논지 전개 방식으로 적절한 것은 ①이다.
[관련 부분] 소리와 빛은 외물(外物)이니 외물이 항상 이목에 누가 되어 사람으로 하여금 똑바로 보고 듣는 것을 잃게 하는 것이 이 같거늘, 하물며 인생이 세상을 지나는 데 그 험하고 위태로운 것이 강물보다 심하고, 보고 듣는 것이 문득 병이 되는 것임에라.

오답 분석
② ③ 모두 제시문과 관련 없는 논지 전개 방식에 대한 설명이다.
④ 제시문은 필자의 경험과 우(禹)의 일화를 예시로 들어 '보고 듣는 것에 흔들리지 않아야 한다'라는 깨달음을 쉽게 설명하고 있다. 그러나 비유의 방식은 사용되지 않았으므로 제시문의 논지 전개 방식으로 적절하지 않다.

> ### 비문학 지식 암기 노트
> **비교와 유추의 차이**
> 비교와 유추는 모두 대상의 유사성을 바탕으로 설명하는 방식이다. 하지만 비교가 둘 이상의 대상에서 공통점을 찾아 설명하는 방식이라면, 유추는 두 대상의 유사성을 바탕으로 한 쪽의 특징을 다른 한 쪽도 가질 것이라고 추론하는 설명 방식이다.

---

2 [출전] 조용진 〈동양화란 어떤 그림인가〉

정답 해설
④ 〈보기〉와 ④는 상위 항목을 하위 항목으로 나누어 진술하는 '구분'의 방식을 사용하였다.
- 〈보기〉: 상위 항목인 '준법'을 하위 항목인 '피마준, 수직준, 절대준, 미점준'으로 나누어 설명
- ④: 상위 항목인 '인류 역사의 시대'를 하위 항목인 '고대, 중세, 근대'로 나누어 설명

오답 분석
① 인과: 온실 기체가 과도하게 증가(원인)하여 대기 온난화가 발생(결과)한다는 점을 설명하였다.
② 분류: 하위 항목인 '우리말, 몽골어, 터키어'를 묶어 상위 항목인 '알타이어'를 설명하였다.
③ 분석: '자동차'(대상)를 '기관, 동력전달장치, 차체, 전기장치'(구성 요소)로 나누어 설명하였다.

> ### 비문학 지식 암기 노트
> **분류와 구분의 차이**
> 분류와 구분은 모두 어떤 대상이나 생각들을 비슷한 특성에 따라 나누어 진술하는 방식이다. 하지만 분류는 하위 항목을 상위 항목으로 묶어 나가는 것이며, 구분은 상위 항목을 하위 항목으로 나누는 방식이라는 차이가 있다.

---

3 [출전] 방건웅 〈공간을 뛰어넘는 생체 신호, 생체광자〉

정답 해설
③ 제시문과 ③은 용어의 뜻을 분명하게 규정하는 '정의'의 방식을 사용하였다.
- 제시문: 생체광자의 개념을 제시
- ③: 전략적 공약의 개념을 제시

오답 분석
① 예시: 직거래 코너 운영을 사례로 들어 로컬 푸드 운동의 실천 방안에 대해 설명하였다.
② 대조: 벌과 나비가 꽃을 향해 날아가는 모습의 차이를 설명하였다.
④ 열거: 일반적인 서양화의 이론을 따르지 않아 현대인들이 이상하다고 느끼는 그림의 표현 방법들을 나열하였다.

비문학 지식 암기 노트

대조	둘 이상의 사물들에 대해 차이점을 밝혀 설명하는 방식
	예 소설은 허구의 세계를 인물이나 사건의 전개를 통해 현실의 이야기인 것처럼 만들어 낸 산문이다. 반면 시는 정서와 사상을 운율적인 언어로 압축하여 표현한 운문이다.
열거	내용적으로 연결되거나 비슷한 어구를 여러 개 늘어놓아 전체의 내용을 표현하는 수사법
	예 꽃밭에는 장미, 백합, 튤립, 칸나가 활짝 피어 있다.

비문학 지식 암기 노트

귀납 추론	개별적이고 특수한 사실이나 현상들을 점검하고, 사례들의 공통점을 바탕으로 일반적인 결론을 이끌어내는 것
연역 추론	일반적인 사실이나 원리에서 개별적이고 구체적인 사실이나 현상을 이끌어내는 것
유비 추론	두 사물간의 유사성에 근거하여 결론을 이끌어 내는 방법
변증 추론	특정 사물이나 대상의 발전 단계에서 기존 요소(정)와 새로운 요소(반)가 갈등하고 그 갈등을 해결하는 과정에서 더 나은 상태(합)를 이끌어 내는 것

DAY 30 논리적 사고

1 ③   **2** ③   **3** ①

1 [출전] 전옥표 〈습관부터 바꿔라〉

정답 해설

③ 제시문과 ③은 모두 구체적인 사례나 실험 결과를 바탕으로 결론을 도출하는 논증 방식인 '귀납 추론'을 사용하였다.
- 제시문: 집단에 참여하는 개인의 수(2명, 3명, 8명)를 다르게 구성한 실험 결과를 바탕으로 집단에 참여하는 개인의 수가 늘어날수록 성과에 대한 1인당 공헌도는 떨어진다는 결론을 이끌어 냄
- ③: 거짓말을 할 때 단순한 손짓의 횟수 감소, 자기 접촉의 횟수 증가, 신체를 가리는 행위 등이 자주 나타난다는 실험 결과를 통해 사람들은 자신이 거짓말을 하고 있다는 신호를 다양한 방식으로 드러낸다는 결론을 이끌어 냄

오답 분석

① 삼단 논법을 통해 일반적인 원리(대전제)에서 구체적인 주장(결론)을 이끌어내는 '연역 추론'의 논증 방식을 사용하였다.
- 대전제: 고통의 감정을 느낄 수 있는 존재라면 차별 받아서는 안 된다.
- 소전제: 동물도 인간처럼 고통을 느끼는 존재이다.
- 결론: 그러므로 동물도 인간과 차별받아서는 안 된다.
② 이집트 문명과 황하 문명의 유사성을 근거로 이집트 문명의 속성이 황하 문명에도 나타날 것이라고 추리하는 '유비 추론'의 논증 방식을 사용하였다.
④ 정(正), 반(反), 합(合)의 단계를 통해 더 나은 상태를 이끌어 내는 '변증 추론'의 논증 방식을 사용하였다.
- 정(正): 전기 자동차는 오염 물질이 적게 배출하고 에너지 효율이 좋음
- 반(反): 전기 자동차는 가격이 비싸고 유지 비용이 큼
- 합(合): 전기 자동차 구매 보조금을 지원하는 방안이 확대되어 전기 자동차 구매율이 높아짐

2 [출전] 박영민 〈화법과 작문〉

정답 해설

③ 〈보기〉와 ③에는 불충분한 자료, 대표성이 결여된 사례 등을 근거로 삼아 성급하게 일반화함으로써 발생하는 '성급한 일반화의 오류'가 나타난다.
- 〈보기〉: 화자의 주변 사람들이 찬성하였다는 일부 사례로 국민 대다수가 대체 휴일 제도에 찬성하고 있다고 성급하게 일반화함
- ③: 약속을 지키지 않았다는 한 번의 사례를 근거로 하여 철수가 믿음직하지 못한 친구라고 성급하게 일반화함

오답 분석

① 인신공격의 오류: 왜 그 사람의 말을 들을 필요가 없는지를 논리적으로 설명하지 않고 그 사람의 처지를 끌어들여 비난하고 있다.
② 무지의 오류: 유령이 없다는 점이 증명되지 않았으므로 유령이 존재한다고 주장하는 오류를 범하고 있다.
④ 동정에의 호소: 무죄임을 입증하지 않고 감정에만 매달려 감옥에 가지 않게 해 달라며 호소하고 있다.

비문학 지식 암기 노트

성급한 일반화의 오류	제한되거나 불충분한 자료, 또는 대표성이 결여된 사례 등을 근거로 삼아 성급하게 일반화함으로써 발생하는 오류
인신공격의 오류	주장하는 이의 인품, 성격, 과거의 정황, 직업 등을 비난하여 그 사람의 주장이 옳지 않다고 비판하는 오류
무지의 오류	어떤 주장이 참 또는 거짓이라고 입증되지 않았음을 근거로 참 또는 거짓이라고 추론하는 오류
동정에의 호소	상대방의 동정심이나 연민에 호소하여 자신의 주장을 받아들이게 하는 오류

정답·해설

해커스공무원 국어 비문학 독해 333 Vol. 1

정답 해설

① 예문과 ⓒ에는 모두 주장을 다시 진술하여 근거로 제시하는 '순환논증의 오류'가 나타난다.
- 예문: 'OO 스마트폰이 세계 표준을 장악했다'라는 문장과 'OO 스마트폰이 가장 많이 팔렸다'라는 문장이 주장과 근거로 반복되는 오류가 나타남
- ⓒ: '내가 한 말은 모두 사실이다.'라는 주장이 다시 근거로 진술되는 오류가 발생함

오답 분석

② 흑백 사고의 오류: '좋다/싫다'라는 극단적인 입장 외에 중립을 허용하지 않는 오류를 범하고 있다.
③ 부적합한 권위에의 호소: 책의 내용이 왜 좋은지 설명하지 않고 권위자(대통령)가 읽은 책이라는 것만 소개하여 자신의 주장을 받아들이도록 하는 오류가 나타난다.
④ 잘못된 유추의 오류: A 학교와 B 학교의 교복 색깔이 비슷하다는 일부 속성만을 근거로 하여 두 학교 학생의 품성도 유사할 것이라고 주장하는 오류가 발생하고 있다.

비문학 지식 암기 노트	
순환 논증의 오류	어떤 주장에 대한 근거를 들 때, 주장을 다시 진술하여 근거로 제시하는 오류. 증명되지 않은 주장을 다시 진술하여 근거로 삼으면서 주장과 근거가 계속 반복되어 발생하는 오류
흑백 사고의 오류	중간 개념을 인정하지 않고 두 가지의 극단적인 경우만 있다고 판단할 때 발생하는 오류
부적합한 권위에의 호소	논점과 직접적인 상관관계가 없는 권위자의 견해를 근거로 하여 자신의 주장을 받아들이도록 하는 오류
잘못된 유추의 오류	부당하게 적용된 유추로 인해 잘못된 결론을 이끌어 내는 오류로, 일부분이 유사하다고 해서 나머지도 유사할 것이라고 생각하는 오류

단기 합격을 위한
해커스공무원 커리큘럼

입문	탄탄한 기본기와 핵심 개념 완성!
	누구나 이해하기 쉬운 개념 설명과 풍부한 예시로 부담없이 쌩기초 다지기
	TIP 베이스가 있다면 **기본 단계**부터!

▼

기본+심화	필수 개념 학습으로 이론 완성!
	반드시 알아야 할 기본 개념과 문제풀이 전략을 학습하고
	심화 개념 학습으로 고득점을 위한 응용력 다지기

▼

기출+예상 문제풀이	문제풀이로 집중 학습하고 실력 업그레이드!
	기출문제의 유형과 출제 의도를 이해하고 최신 출제 경향을 반영한
	예상문제를 풀어보며 본인의 취약영역을 파악 및 보완하기

▼

동형문제풀이	동형모의고사로 실전력 강화!
	실제 시험과 같은 형태의 실전모의고사를 풀어보며 실전감각 극대화

▼

최종 마무리	시험 직전 실전 시뮬레이션!
	각 과목별 시험에 출제되는 내용들을 최종 점검하며 실전 완성

PASS

* 커리큘럼 및 세부 일정은 상이할 수 있으며,
자세한 사항은 해커스공무원 사이트에서 확인하세요.

단계별 교재 확인 및
수강신청은 여기서!

gosi.Hackers.com